• 예비 학부모, 청소년 자녀를 둔 부모들의 필독서 •

청소년을 둔 부모의
사춘기 자녀
마음 설명서

청소년을 둔 부모의 사춘기 자녀 마음 설명서
예비 학부모, 청소년 자녀를 둔 부모들의 필독서

초판 1쇄 발행 2024년 6월 19일

지은이 이재연, 채혜진
펴낸이 장길수
펴낸곳 지식과감성#
출판등록 제2012-000081호

교정 김나현
디자인 강샛별
편집 강샛별
검수 정은솔, 이현
마케팅 김윤길, 정은혜

주소 서울시 금천구 벚꽃로298 대륭포스트타워6차 1212호
전화 070-4651-3730~4
팩스 070-4325-7006
이메일 ksbookup@naver.com
홈페이지 www.knsbookup.com

ISBN 979-11-392-1917-3(03180)
값 16,700원

- 이 책의 판권은 지은이에게 있습니다.
- 이 책 내용의 전부 또는 일부를 재사용하려면 반드시 지은이의 서면 동의를 받아야 합니다.
- 잘못된 책은 구입하신 곳에서 바꾸어 드립니다.

지식과감성#
홈페이지 바로가기

• 예비 학부모, 청소년 자녀를 둔 부모들의 필독서 •

청소년을 둔 부모의
사춘기 자녀 마음 설명서

이재연 · 채혜진 지음

이 책을 읽은 부모님들이 사춘기를 심하게 경험하고 있는 자녀와의 불화를 깨끗이 씻어 내고 건강한 독립을 이루면 좋겠습니다. - 에필로그 중

목차

프롤로그   8

1장 가족과 소통이 되지 않아요.

1. 가정폭력 가해자는 직계 부모   14
2. 부모의 목소리는 소리보다 감정이 먼저 전달   19
3. 슬픈 대화를 자녀 앞에서 보이지 않기   25
4. 다툼은 마음을, 마음은 몸을 무너지게 만듦   30
5. 가족이라는 이름이 대화를 책임지지 않는 이유   35
6. 소통의 핵심, 공감   40
7. 대화가 없는 가족   45
8. 불통과 소통   50
9. 사춘기보다 부모 스스로가 먼저   56
10. 도움을 요청하려면 몸과 마음이 봄   61
11. 큰 파도가 잔잔해질 때까지   66
12. 자녀의 발끝마다 봄날이 솟아오르기를   71

2장 사춘기가 되면 주파수가 달라집니다.

1. 사춘기는 분갈이를 해야 할 때   78
2. 집중이 아니라 집착이었을 가능성   83
3. 자녀의 감정을 읽을 수 있는 안테나가 되어야   88
4. 부모의 불안도를 먼저 낮춰야   93
5. 술은 폭력과 깊은 관련   98
6. 반사회성이 한 줌의 재로 남겨지는 순간   103
7. 우정은 눈에 보이지 않지만 마음에 스며드는 향기   108
8. 착한 아이 콤플렉스는 혼자가 되는 것이 두려움   113
9. 마음을 관찰하는 결핍   118
10. 마음이 캄캄한 어둠 속   123
11. 내가 그런 성격이라 그렇지 뭐   128
12. 착한 마음과 방조하는 마음 구별   132
13. 시간을 지연시켜 올바른 결정으로   137

3장 스트레스는 충동적인 행동을 유발합니다.

1. 벽에 주먹을 치는 행동들도 자해　　　　　144

2. 스마트폰은 발암 물질로 분류　　　　　　149

3. 스마트폰 사용 시간을 과하게 요구　　　　154

4. 스마트폰은 모든 것에 도움이　　　　　　159

5. ASMR에 쾌감을 느낄수록 예민함　　　　163

6. 랩 음악이든 록 음악이든　　　　　　　　168

7. 나만의 발작 버튼을 인식하기　　　　　　173

8. 어두움을 두려워하는 이유는 시각적 차단　178

9. 경계선에서 줄타기하듯　　　　　　　　　183

10. 모든 불안이 나쁜 것은 아님　　　　　　188

11. 실체가 없는 괴로움과 스트레스　　　　　193

12. 순간들이 모여 나의 날들을 이루고　　　　198

4장 폭력은 일어나기 직전에 제지하는 것입니다.

1. 부모의 편애는 정신적 학대 206
2. 폭력은 모든 방향을 흔들어서 길을 잃게 211
3. 사랑의 매? 216
4. 양육은 리허설 없는 생방송 221
5. 나 중심에서 벗어나는 것은 탈중심화 226
6. 부모는 고통을 최소 조건으로 삼는 존재들 231
7. 어린 시절, 부드럽게 안아 주기 236
8. 마음의 빚과 이별 연습하기 241
9. 자녀의 마음속 웃음꽃 246
10. 내가 얼마나 힘들었는지 자신은 알고 250
11. 행복을 잡는 방법 255
12. 회상은 독약처럼 정신을 질식시키고 260

에필로그 264

프롤로그

 자식이 걸어온 궤적을 가감 없이 거의 모든 걸 알고 있는 부모로서는 자녀가 보이는 뾰족해진 언어와 투박해진 행동 변화에 적잖이 충격에 빠집니다.

 시간의 한 귀퉁이를 도려내어 자녀가 보내고 있는 사춘기를 책 읽듯 읽어 내고 싶다는 부모님들의 바람이 가득합니다. 자녀는 사춘기, 부모는 갱년기를 보내면서 서로가 서로의 숨통을 쥐듯 아프고 힘들 때, 이 책이 한 줄기 빛이 되면 좋겠습니다.

 폭풍우 속을 지나는 자녀의 등 뒤에 서서 발효된 여유와 언어로 혼자 펄럭이며 흔들리는 마음을 편안하게 잡아 주면 좋겠습니다. 경험하지 못한 자는 절대 짐작조차 할 수 없는 것이 사춘기 자녀를 둔 부모의 마음일 것입니다. 이런 이유로 예비 사춘기 부모님들께서도 이 책을 읽으며 미리 마음의 준비를 하는 것도 좋습니다.

청소년 자녀를 둔 '부모'라는 이름을 가진 모든 이들이 편하게 볼 수 있는 책이면 좋겠습니다.

보석 같은 자식을 잃어버린 부모님들과 심리 상담을 진행할 때, 상담사도 같은 마음으로 무너져 내립니다.

처음 아이를 낳았을 때는 말하는 시간보다 웃는 시간이 더 많았을 겁니다. 하지만 자녀가 커 가면서 이런저런 바람이 늘어나고 부모의 기대와 자녀의 사춘기가 충돌하면서, 불꽃처럼 타오르는 청소년 자녀의 카리스마에 부모는 조용히 뒷걸음질하게 됩니다.

자식을 품은 부모의 마음이 꺾이거나 사라진 것은 아니지만 더 이상 내 자식이 아닌 것처럼 느낄 때가 한두 번이 아닙니다.

하루가 1년이라도 되는 줄 알고 쑥쑥 자라던 아이가, 사춘기가 되어 하루가 천 년이라도 되는 줄 알고 부모로부터 멀어지는 것을 지켜보는 것만큼 힘든 일은 없습니다.

이재연 · 채혜진 드림

분노에 의해서 자기 자신을 잃지 않으려면,
다른 사람이 화를 내는 모습을
조용히 관찰해 보는 것이 좋다.

- 세네카 -

1장

가족과 소통이 되지 않아요.

1. 가정폭력 가해자는 직계 부모

> 발길을 돌리면서도 눈길만은 쉽사리 돌릴 수 없는 상담이 있습니다. 바로 가정폭력 아동학대 피해자 상담입니다.

가해자 대부분이 직계 부모입니다. 아이가 힘들어 울부짖는데도 마치 남의 일 보듯 모른 척합니다. 이 아이들의 눈은 엄마의 우울과 아빠의 분노가 교접해서 낳은 슬픔만을 응시할 뿐입니다.

우울과 분노가 협공해서 시간만 때우면 양육의 승리는 식은 죽 먹기라고 생각합니다. 매일 저녁 느닷없이 낮게 으르렁거리는 부모의 싸움 소리는 보이지는 않지만, 자녀의 온몸의 털이 송곳처럼 펼치고 일어나게 만듭니다. 이게 바로 '원초적 공포'라는 것입니다. 얼어 버린 아이들의 입에서는 신음조차 나오지 않습니다. 예비된 폭력 앞에서 무기력한 존재감을 느끼게 됩니다. 부모와 자녀 간에 설정된 상식적 관계는 '싸우는 소리' 하나만으로도 철저하게 무너질 수 있습니다.

'저희는 그래도 애들 잘 때 싸우거든요.'

부모로서 자녀가 자고 있을 때도 싸우거나 부정적인 말을 하면 안 됩니다.

2019년 1월에 호주 모내시대학교와 프랑스 파리 고등사범학교의 공동 연구팀은 〈잠을 자는 동안 다양한 이야기 환경에서 의미 있는 소리를 감지한다.(Sleepers tract informative speech in a multitalker environment.)〉라는 논문을 『네이처 인간행동학회지』에 발표했습니다.

이 논문에서는 24명의 참가자들에게, 깨어 있을 때와 잠을 자고 있을 때 소리 정보를 노출했습니다. 소리 정보는 1분 길이의 연설 내용, 뉴스, 영화의 장면과 같은 정상적인 문장과 반대로 비정상적인 문장들이었습니다.

연구팀은 정상적인 말과 비정상적인 말에 참가자들의 뇌파가 어떻게 반응하는지 두 가지 소리를 동시에 들려주었을 때의 데이터를 분석했습니다. 참가자들에게 헤드폰을 씌웠습니다. 한쪽 귀에는 정상적인 말을 들려주었습니다. 반대로 다른 한쪽 귀에는 비정상적인 횡설수설하는 말을 들려주었습니다.

실험 결과, 참가자들이 깨어 있을 때든 잠을 잘 때든 뇌가 소리를 듣고 처리하고 있다는 것을 보여 주었습니다. 여기서 중요한 점은 바로 잠을 자고 있을 때, 뇌는 외부에서 들어오는 소리를 인식한다는 것입니다. 물론 횡설수설하는 말보다는 의미가 있는 말에 대해서 더 정확히 음성 신호 인식을 합니다.

잠을 잘 때도 외부에서 들어오는 소리를 인지한다는 것은 언제든지 위협적인 상황을 빠르게 알아차리고, 위기 상황에서 벗어날 수 있기 위함입니다. 가정폭력이나 부모의 언어폭력을 어려서부터 경험한 자녀들은 자라면서 저녁 시간에 예민해져서 수면을 취하기가 어렵게 되는 것입니다. 잠을 자는 동안에도 사람의 뇌는 외부에서 들려오는 특정 소리에 반응을 하게 되고 정보를 받아들여 기억까지 합니다.

 가족의 시간은 밥 먹듯 입과 배만 채우는 게 아니라 마음을 채우는 것입니다. 부모의 사랑을 먹는 것과 비교하자면, 그리 뛰어난 맛이 아니라도 사랑의 눈빛과 부드러운 언어가 반찬으로 나온다면 게 눈 감추듯 순식간에 먹어 치우는 먹성 뛰어난 것이 바로 자녀입니다.

 산고를 겪으며 피워 낸 꽃 같은 생명입니다. 짐작조차 못 했던 선물입니다. 아이들은 사랑으로 가슴이 벅차고, 꽃향기 속에서 눈물겨워야 합니다.

가정폭력 가해자 대부분이 직계 부모입니다.

2. 부모의 목소리는 소리보다 감정이 먼저 전달

> 다 큰 딸이 뇌에 문제가 있다고 진단을 받았습니다. 엄마로서 어떤 이야기를 해야 할까요. 장사를 하다 보니 말이 거칠어서 그런지 딸과 대화가 잘 안 됩니다.

부모라는 옷을 사 입으려면 지불해야 하는 혹독한 좌절, 한계, 외로움이 참 많습니다. 그럼에도 불구하고 이 세상에 부모로서 정회원이 되려면 거기에 걸맞은 모습을 갖춰야 합니다. 그중 가장 먼저 갖춰야 할 덕목이 바로 '부드러운 목소리'입니다. '엄마 목소리'의 어깨에 기댈 수 있고, '엄마 목소리'의 품에 안길 수 있도록 부드러움이 존재해야 합니다.

희망이든 절망이든 의도하지 않게 번지는 경우가 많습니다. 희망과는 달리 절망은 심장 속 피부를 수시로

가렵게 만듭니다. 밤새도록 아픈 줄 모르고 긴 우울의 손톱으로 심장을 긁어 댑니다. 손톱에도 피가 고이고, 흐르는 눈물에 난폭하게 흘렸던 과거를 불러내서 곁에 앉혀 두고 잔인한 고통을 반복해서 토해 냅니다.

절망 한 줌, 눈물 한 줌, 단 한 줌의 부정적인 표현도 자녀에게 던지지 않아야 합니다.

2010년 미국 위스콘신대학교 매디슨캠퍼스 레슬리 셀처 교수팀은 〈엄마의 목소리가 딸의 마음을 가라앉힌다.(For comfort, mom's voice works as well as a hug.)〉라는 논문을 『영국왕립학회지』에 발표했습니다. 이 연구에서는 61명의 여자아이들에게 수학 문제를 풀게 하고, 풀어 본 문제의 결과를 낯선 사람들 앞에서 발표하게 했습니다. 이때 아이들이 느끼는 스트레스 수치와 심장 박동 수를 측정했습니다.

이후 실험 참가자들을 세 그룹으로 나눴습니다. A

그룹 아이들에게는 엄마를 직접 만나게 했습니다. B 그룹 아이들은 전화로 엄마와 통화를 하게 했습니다. C 그룹은 수학 문제와 관련 없는 비디오를 보여 주었습니다.

연구 결과, 엄마를 직접 만났던 A 그룹만큼 엄마와 전화 통화를 한 B 그룹 아이들에게 사랑 호르몬인 옥시토신이 향상되었고, 반대로 스트레스 호르몬인 코르티솔 수치는 줄었습니다.

이 연구에서 중요한 결과는 바로 신체적인 접촉에서 주로 나오는 옥시토신 호르몬이 엄마의 목소리만으로도 분비된다는 사실이었습니다. 좀 더 구체적으로 이야기하자면, 상대방의 말을 듣고 이해하는 영역인 '베르니케 영역'과 감정을 통제하는 이성의 뇌인 '전전두엽 영역'이 활성화되어서 대인 관계 능력과 감정 통제력을 향상시킬 수 있는 것입니다.
부모의 목소리는 소리보다 감정이 먼저 전달됩니다.

부모와 함께하면서도 자녀는 외로울 수 있습니다. 외로움 때문에 부모와 하나가 되지 못하고, 서로 다른 울음으로 울고 서로 다른 웃음을 나누게 됩니다. 5분마다 수십 번 울려 대는 알람 시계도 스스로 지쳐서 저절로 멈춰 버리지만, 시시때때로 울려 대는 부모의 거친 소리를 듣고 자라는 자녀는 언제든지 떠날 준비로 날마다 마음의 짐을 싸게 됩니다. 그래서 자녀가 힘들 때 더 많이 울어야 하는 이유를 만들어 주면 안 됩니다. 먼저 자신을 짓누르고 있는 그 무게를 낮추도록 목소리의 속도를 늦추고 천천히 걸어가 함께 울어 줘야 합니다.

돌아보면 산다는 것은 한여름 날의 햇살보다 짧다고 느껴집니다. 앞으로 자녀와의 관계에서 예정된 시간이 얼마나 남아 있을까요? 서로에게 건네는 말속에서 은은한 향기를 내고 아름다운 꽃도 피우면 좋겠습니다. 자녀는 부모가 내려놓는 목소리에 따라 마음의 문을 열고 닫는 아름다운 바다입니다.

자녀가 아프면 부모는 피를 토합니다. 차라리 산이라도 껴안고 비가 되어 울고 싶고, 바다라도 껴안고 비가 되어 울고 싶어집니다. 그게 부모입니다. 하지만 이런 고귀한 마음을 가시로 둘러싼 말투로 전달하면, 그 가시들을 뽑아서 본인의 가슴에 심어 두고 정신적 가난을 선택합니다.

아무리 자녀라도, 천만 번 주고받은 사랑의 맹세에도 단 한 번의 어긋남으로 이별을 선택할 수 있는 것이 자녀입니다. 오늘 내 목소리의 속도와 향기를 점검하는 하루가 되면 좋겠습니다.

부모의 목소리는 소리보다 감정이 먼저 전달됩니다.

3. 슬픈 대화를 자녀 앞에서 보이지 않기

> 매번 애들 앞에서 싸우는 모습을 보여 주게 되니, 힘드네요.

"서로의 감정을 보기 전에 자신의 감정을 먼저 관찰하면 좋겠습니다."

자녀는 부모가 낸 대화의 길을 따라 행복과 슬픔 둘 중 하나를 증명하며 걸어가게 됩니다. 어둠을 가르고 달리는 마지막 버스의 지친 브레이크 소리처럼 슬픈 대화를 자녀 앞에서 보이지 않도록 노력하면 좋겠습니다. 부모의 어깨 위에 앉아 대화가 흐르는 분위기에 시선을 줍니다. 천천히 흐르는 대화만큼 자녀의 마음 시간도 천천히 흐릅니다.

아이들 마음에는 부모가 쌓아 만든 수백 개의 작은

언어의 탑들이 있습니다. 누구는 정성을 다해, 누구는 장난스럽게 쌓았겠지만, 어느 손길이든 소망 한 자락 안 담았을 리 없을 겁니다. 하지만, 부정적인 언어는 마음 이곳저곳 틈에 촘촘히 박혀서 나중에 털어 내기 어려운 상태가 되어 버립니다. 그렇기에 부모는 삶을 살아가면서 습관적인 슬픔의 껍질을 벗어야 합니다.

불통에 익숙해져 버리면, 우울이 가까이 가도 경계할 줄 모르게 됩니다.

비 맞은 것처럼 온몸이 축 처져서 부정적인 감정에 취한 상태는 늘 위태롭습니다. 쌓아 두었던 감정의 찌꺼기들이 불쑥불쑥 몰려들어 마음을 어지럽히게 됩니다. 이런 감정을 인지하지 못하고 인정하지 않으면, 항상 불안과 두려움 그리고 불편함과 스트레스에 갇혀 살아갈 수밖에 없습니다.

1987년 미시간대학교 로버트 자욘스(Robert Zajonc) 교수팀의 논문에 따르면, '부부가 서로 닮아 가는 것은 오랜 시간 같은 감정을 공유하기 때문인 것(Long-Married Couples Do Look Alike)'으로 밝혔습니다. 자녀를 키우면서 수십 년을 같이 울고 웃으면서 시간을 함께 공유하기 때문입니다. 놀라운 점은 부부의 주름 위치마저도 비슷해지고, 얼굴 근육의 사용까지 비슷해지면서 표정도 분위기도 닮아 가는 것입니다.

이 논문의 결과는 부부가 서로 닮는 것뿐만 아니라, 부모에게서 자녀로 이어지는 감정 전이를 설명해 주기도 합니다. 비슷한 생각과 감정을 공유하는 자녀들이 부모가 사용하는 언어를 통해 가족의 문화를 그대로 온몸으로 흡수하는 것입니다. 감정은 없애야 할 대상이 아니라 제대로 알고 다스려야 하는 것임을 인식해야 합니다.

다양한 감정을 자녀에게 보여 주는 것도 중요합니다. 하지만 충동적인 감정은 최대한 숨기고, 부정적인 감정은 조절하는 모습을 자주 보여 줘야 합니다. 그래야 자녀도 성장하면서 어떤 감정이든 쌓아 두지 않고 적절하게 해소하거나 조절하는 법을 자연스럽게 익히는 것입니다.

마지막으로 정리하면, 3가지 단계를 통해 부모는 변화해야 합니다. 바로 '인지하기, 인정하기, 안심하기'입니다. 화가 났는지, 불안했는지 먼저 인지해야 합니다. 또한 '화날 만했다', '화나도 괜찮아'와 같은 스스로의 감정을 인정해 주는 연습도 해야 합니다. 마지막으로 '곧 마음이 나아질 거야', '잘 이겨 냈으니 안심해도 돼'처럼 스스로를 안심시켜 줘야 합니다.

부모가 감정을 다스리는 연습을 할 때, 자녀는 자연스레 변화됩니다.

슬픈 대화를 자녀 앞에서 보이지 않도록 해야 합니다.

4. 다툼은 마음을, 마음은 몸을 무너지게 만듦

> 말다툼하고 나면 몸이 그렇게 아프네요. 제가 너무 예민해서 그렇겠죠?

"질문에서 고통의 냄새가 나네요. 다툼 끝에 몸이 아픈 것은 날개 없이 추락하는 것과 같습니다."

생채기 한 번 냈다고 그런 것은 아닐 겁니다.

오랫동안 참은 눈물처럼 스트레스가 우르르 쏟아져서 몸 어디로든 터져 나오는 것일 겁니다. 옷 다 벗어 주고 빈 몸으로 떠는 들판의 나무들처럼 고통을 더 차지하겠다고 다투는 것과 같습니다. 서로의 입에서 나오는 소리가 마음의 작은 티끌까지도 닦아 낼 듯 달콤할 때도 있지만 가슴 시린 시간이 모이고 모여서 오물을 뱉어 낼 때도 있습니다. 삶에서 다툰 날만 덜어 내도 그만큼 가벼워지고 몸도 겨울이 아니라 봄만 같을 것입니다.

품을 파고드는 낯선 대화의 공기는 아무리 시간이 지나도 익숙해지지 않는 것입니다. 언 땅 헤집고 물 길어 올리고 씨 뿌린 후에 보살피고 또 보살펴야 자라서 열매를 맺듯, 서로의 대화 방식을 다시 바꾸고 서로의 말투와 눈빛에 새로운 정체성을 가져야 지금과는 다른 온도를 느끼게 될 것입니다.

2021년 미국 예일대학교 정신의학과 재커리 하바넥(Zachary Harvanek) 교수팀은 〈심리적, 생물학적 회복력은 스트레스가 노화에 미치는 영향을 조절한다.(-Psychological and biological resilience modulates the effects of stress on epigenetic aging.)〉라는 논문을 『미국정신의학회지』에 발표했습니다.

이 논문은 19세에서 50세까지 총 444명의 참가자들을 대상으로 연구가 진행되었습니다. 이 논문에서는 스트레스를 받을 때 감정 조절과 자제력이 떨어지면서 노화 속도가 빨리지는 것으로 나타났습니다.

특히, 감정이 조절되지 않으면서 심박 수가 분당 80회 이상으로 지속된 사람들은 치매에 걸릴 위험까지 보고되었습니다. 스트레스로 인해 머리 에너지를 불필요하게 많이 사용하면서 뇌에 충분한 산소가 공급이 되지 않아 심장이 빠르게 뛰면서 피와 산소를 올려 주려는 작용이 일어나게 됩니다. 이러한 뇌와 심장의 과도한 소모는 결국 노화와 치매까지 유발하게 되는 것입니다.

다툼은 마음을, 마음은 몸을 무너지게 만듭니다.

그렇기 때문에, 가볍고 긍정적인 작은 대화부터 다시 시작해야 합니다. 너무 큰 주제나 어려운 내용만 대화하다 보면, 부부라도 가족이라 해도 세상에서 심리적으로 가장 거리가 먼 존재가 되어 버립니다. 멀어진 관계에서는 큰 걸음보다 작은 걸음이 서로를 부담스럽게 하지도 불편함을 느끼지도 않게 하며, 서운함과 기대감이 교차하면서 작은 희망이 생기는 것입니다.

상대가 나와 다를 수 있다는 것을 인정해야 합니다. 판단하거나 비난하거나 편견을 가지지 말고, 여유를 깔고 누워서 긍정적인 목소리로 다가가야 합니다.

다툼 끝에 몸이 아픈 것은 날개 없이 추락하는 것과 같습니다.

5. 가족이라는 이름이
   대화를 책임지지 않는 이유

> 아들하고 대화를 하다가 짜증을 내고 말았어요. 계속 반복이 되니, 누구의 문제인지 모르겠어요.

'생각의 어깨' 위로 한 줌의 먼지가 내려앉으면 마음의 다리는 절룩일 수밖에 없습니다.

대화는 상대가 아니라 나를 설득하는 호흡입니다. 나의 마음 내부에서 끝까지 다 볼 수 있을 때까지 걸어가 그곳에서 매우 견고한 침묵을 가지는 시간입니다. 그곳이 겨울이라도 금세 주변이 조금씩 녹아 가면서 온기를 품은 봄이 중얼거리며 다가올 때, 나의 말을 건네야 상대도 받을 준비가 됩니다.

서로의 공감 없는 말은 자꾸만 좁은 대화의 길로 흘러가는 것입니다.

'공감(共感)'은 '맞아들이다'라는 뜻의 '공(共)'과 '깨닫다'라는 의미의 '감(感)'이 합쳐진 말입니다. 나의 생각이 아니라 상대방의 생각을 내 마음까지 끌고 와서 맞아들여야 이전에는 몰랐던 것을 새롭게 깨닫게 되는 사실을 마주하게 됩니다. 이것이 공감입니다. 공감은 영어로 'empathy'입니다. 접두어 'em'은 '안으로(in)'+'감정(pathy)'을 가지고 온다는 말에서 생겨난 단어입니다. 내 감정이 아니라 상대방의 감정을 나에게 끌고 와야 한다는 말입니다.

공감은 판단하지 않는 것을 전제로 합니다.

대화를 시작하면서 '옳고 그름'의 판단은 뒷주머니에 넣어 두어야 합니다. 오직 상대방의 생각과 마음을 충분히 들으면서 내 마음까지 가지고 오는 것이 가장 중요합니다. 공감은 상대방이 어떤 이야기를 해도 이해해 줄 것이라고 느끼게 만드는 것입니다. 이런 공감이 잘되지 않는다면, 스스로를 확인해 봐야 합니다. 많은 경우, 어려서 부모에게 공감을 받은 경험이 부족하면, 내 자녀에게도 부모로서 **'공감 실패(empathic failure)'**를 반복하는 것은 어찌 보면 당연합니다. 그러니 너무 자책하지 말고, 공감을 연습해야 합니다.

순간을 이해해야 합니다.

사람은 언제 어떤 상황에서 지나치게 예민해지거나 상처를 받는 순간이 존재합니다. 이 순간을 얼마나 잘 느끼고 대응하느냐가 대화의 질적인 깊이를 결정합니다. 작은 씨앗을 뿌리고 싹 트면서 뿌리 내리는 과정을 보면, 같은 날 같은 조건이지만 어느 순간에 물을 주느냐에 따라 성장이 다르고 열매의 크기도 다른 것과 같습니다. 상대가 듣고 싶은 말을 하는 것도 중요하지만, 상대가 감정적이지 않을 때를 포착해서 그 순간에 대화를 건네고 받는 것이 더 중요합니다.

가족이라는 이름이, 사랑한다는 감정이, 대화를 책임

지지 않습니다. 가족일수록 더더욱 나의 혀를 내밀지 않고 귀를 먼저 내밀어야 합니다. 물리적인 거리가 아니라 심리적인 거리를 유지해야 대화의 거리도 먼 곳에서 가까운 곳으로 바뀌게 됩니다. 배 속에 있던 아들이 나와 같은 몸이 아니고 하나의 마음이 아니라는 것을 깨달아야 합니다. 그래야 대화의 열쇠가 보일 것입니다.

가족이라는 이름이, 사랑한다는 감정이, 대화를 책임지지 않습니다.

6. 소통의 핵심, 공감

> 가족과 소통이 되지 않아요.

　소통의 핵심은 공감입니다. 하지만 공감도 누울 자리를 보고 뻗어야 한다는 말이 있습니다. 일관되게 찌푸린 표정과 직선의 말투를 가진 가족에게 공감받으며 소통하고 싶은 마음은 욕심입니다. 끝내 놓지 못하는 이 욕심은 자신에 대한 연민이기도 합니다. 소통이 되지 않는 가족을 살펴보면, 자신의 삶이 고통스럽고 힘들기 때문에 공감할 마음의 여유가 부족합니다.

　오히려 가족은 타인보다도 서로에게 과격하고 상처를 잘 입고, 입히는 성질을 가지고 있습니다. 소통이 되지 않는 가족의 마음에는 내 감정을 보관할 수 있는 공간이 턱없이 부족합니다. 본인들의 생각의 짐과 감정의 짐으로 가득 차서 정리가 필요한 상태입니다. 그런데 나의 생각과 감정의 짐을 잠깐이라도 맡아 달라는 부탁을 하면 부담이 되고 짜증이 나는 것입니다.

가족의 심리적 거리에는 끊임없이 비가 내리기도 합니다. 우산도 없고 누구도 서두르는 기색도 없습니다. 떨어지는 비의 속도에 마음을 맞춰서 우울해져 가는 것입니다.

2010년 미국 UCLA대학교 다비 색스비(Darby Sacbe)와 레나 레페티(Rena Repetti) 교수의 〈기분 상태에 따른 가족의 스트레스 호르몬 분비 상태를 분석(For Better or Worse? Coregulation of Couples' Cortisol Levels and Mood States)〉한 연구 결과, 가족 중 한 사람의 스트레스 호르몬 수치가 높아지면, 빠른 속도로 가족 전체에 나쁜 감정이 혈압과 포도당 수치를 높이면서 옮겨 가는 것을 밝혀냈습니다. 소통이 막히고 스트레스를 받는 가족은 서로의 스트레스에 훨씬 더 민감하게 반응하기 때문에 매일 스트레스가 더 많이 쌓이게 되는 것입니다. 가족 중 한 명의 기분이 나빠지면 온 가족이 검은 구름 속에 들어가는 악순환이 됩니다.

소통이 안 되는 가족 속에서는 몸도 지쳐 가고 생각의 걸음은 더욱 무거워집니다. 가족이 더 이상 아름답게 보이지 않게 됩니다. 나와 또 다른 내가 싸움을 하는 것과 같습니다. 경계심이라고는 눈을 씻고 찾아봐도 없는 관계라는 것이 힘들 때 더욱 아프게 만드는 사이가 됩니다.

어느 순간 조금만 길을 잘못 들면 아주 엉뚱한 곳으로 가는 것이 바로 가족의 길입니다. 가족의 농익은 어둠 속으로 빗줄기가 하염없이 몸을 덮지 않도록 서로의 심리적 거리를 점검해 봐야 합니다. 미처 철수하지 못한 어둠 속에서 짐승의 눈처럼 불쑥불쑥 나타나 서로의 가슴으로 달려가 부딪히지 않도록 적당한 거리를 유지해야 합니다.

심리적으로 가까운 사이일수록 공감을 기대하는 마음이 커집니다. 그 기대가 실망의 원인이 됩니다. 기대하지 않은 타인에게 위로와 공감을 받게 되면 감동과 감사함을 느끼게 됩니다. 기대가 없었기 때문에 생기는 마음입니다. 공감할 수 있는 가족이면 모를까, 그렇지 않다면 소통과 공감이 가능한 대상을 찾아서 힘든 이야기도 털어놓고 마음을 나눠야 합니다. 단 한 명이라도 공감할 수 있는 친구를 찾으면 됩니다.

 힘든 일이 생기면, 내 마음을 공감해 주는 그 친구에게 마음이 달음박질치듯 걸음을 재촉합니다. 그 친구에게는 친절한 말보다 더 공감받고 위로받는 듯한, 계산 없이 경청해 주는 태도가 있기 때문입니다.

소통의 핵심은 공감입니다.

7. 대화가 없는 가족

> 가족을 이뤄 살다 보면 말없이 말하고, 소리 없이 들을 수 있는 관계가 되기도 합니다.

 살아가는 게 아니라 살아지는 거라는 듯 짧은 대답만 난무합니다. 온 집안이 침묵의 골수와 어색함의 견갑골로 걸어 다닙니다. 우울비가 추적추적 내리는 날. 가족 모두가 온몸과 마음이 쑤시고 아프다며 침묵의 비명을 지릅니다.

 퇴적된 기억들, 박제된 침묵, 쪼그리고 앉은 어색함, 식탁 멀미로 흔들리는 불편함. 이 모든 것은 서로를 외면하게 하고 대화의 허리를 펴는 법을 영영 잊어버리게 만드는 원인들입니다. 이 모든 원인에도 불구하고 볕이 잠깐이라도 앉았던 시간과 장소를 되짚어 걸어가서 다시 움켜쥐어야 합니다.

2009년 5월에 흥미로운 논문이 한 편 발표된 적이 있습니다. 미국 버지니아대학교 스티븐 보커 교수팀의 〈비언어적 대화로써 고개를 끄덕이는 횟수가 성별에 따라 다르다.(Psychologists find that head movement is more important than gender in nonverbal communication.)〉라는 논문이었습니다. 이 논문에서 한 실험은 실험 참가자들이 서로 대화를 나누도록 하는 것이었습니다.

연구 결과, 여성들끼리 대화를 할 때 동감과 공감의 표시인 고개를 끄덕이는 행동을 가장 많이 했습니다. 반대로 남성들끼리 대화를 할 때 가장 적게 고개를 끄덕였습니다. 또 고개를 잘 끄덕였던 여성들이 남성과 대화를 할 때 남성의 영향을 받아서 고개 끄덕이는 행동이 줄어들었습니다.

이러한 결과는 남성의 '주도권 심리'에서 비롯됩니다. 대화를 하면서 상대의 말에 고개를 끄덕이고, 얼굴 표정을 맞추는 것이 상대방의 논리에 설득당하고 주도권을 빼앗긴다고 착각하기 때문입니다.

이처럼 가족 사이에 남편과 아내, 아들과 딸, 이러한 성별에 따른 대화의 방향이 다른 경우가 있습니다. 또 대화가 소리를 주고받는 언어에 국한된 것이 아니라 표정, 몸짓, 손짓, 눈짓 그리고 물리적 또는 심리적 거리도 모두 비언어적 언어인 것입니다. 대화를 늘리기 위해서는 이런 비언어의 변화부터 조금씩 바꿔 나가야 합니다.

2016년 미국 노스캐롤라이나주립대학교 자켈린 네시 교수팀은 〈SNS나 문자로 대화하는 방식은 갈등을 더욱 악화시킨다.〉라는 논문을 발표했습니다. 참가자 487명을 대상으로 1년 동안 의사소통 방법 중에 직접 대면, 전화 통화, 문자 메시지나 SNS로 나눠서 서로의 갈등을 풀어 나가는 능력과 원하는 것을 요구하는 것을 측정했습니다.

실험 결과, 직접 대화가 갈등을 해소하는 데 가장 좋은 방법이었습니다. 반대로 문자 메시지나 SNS를 통해 소통하는 빈도가 높을수록 갈등 해소 능력이 갈수록 떨어지고 대화 능력도 부족해지는 것으로 나타났습니다. 그 이유는 직접 대화를 나누면서 상대방의 표정이나 몸짓, 손짓과 같은 간접적인 심리적 표현을 읽어야 하는 것이 SNS를 통해서는 불가능하기 때문입니다.

서로 안아서 심장을 데울 수 있지만, 서로 바라보며 부드러운 대화를 나누는 것만으로도 사랑이라는 글자를 가슴에 그대로 필사할 수 있습니다. 상대의 몸짓과 손짓을 베껴서 눈짓과 표정으로 옮겨 가는 것만으로도 눈과 입에서 단맛이 퍼집니다.

매일 아침 대화 한 수저 입에 넣을 때마다 사랑이 툭툭 터지는 날이 되면 좋겠습니다.

가족을 이뤄 살다 보면 말없이 말하고, 소리 없이 들을 수 있는 관계가 되기도 합니다.

8. 불통과 소통

> 딸이나 아들이 화가 났을 때, 달래는 요령을 모르겠어요.

 화가 난 사람을 어떻게 달래야 하는지 묻는 질문은 들숨과 날숨의 횟수만큼 자주 듣는 말입니다. 터트리고 있는 불덩이 같은 화만 당장 꺼트리고 끊어 내면 정상적인 감정을 회복할 거라고 생각하는 분들의 단순한 판단이, 때로는 화를 넘어서서 분노보다 더 나쁜 해악으로 작용하기도 합니다.

 모른다는 사실은 죄가 되지 않습니다. 하지만 때로는 자신이 모른다는 사실을 모르고 있다는 것이 불행을 불러올 수도 있습니다. 굴러가는 눈덩이처럼 부풀어 오르는 불통은 소통의 길을 가로막게 됩니다.

타인의 화내는 모습을 보게 되면 덮어 주고 싶은 충동을 느끼는 사람이 있는가 하면 같이 공격하고 싶은 충동을 느끼는 사람도 있습니다. 또, 논리적인 해결책을 제시하기도 합니다. 하지만 이러한 대응은 상대방의 화를 전혀 낮추지 못합니다.

한 뼘 길이도 안 되는 칼 한 자루를 가지고도 어떤 사람은 살인을 하고 어떤 사람은 예술을 하기 때문입니다. 작은 칼 한 자루와 같은 감정도 이와 같습니다.

2021년 미국 펜실베이니아주립대학교 커뮤니케이션학과 앤드류 C 하이(Andrew C High) 교수팀은 〈선의로 한 행동이나 말이 상대방에게 전혀 위안이 되지 않는 이유(The effects of Person-Centered Social Support Messages on Recipient Distress Over Time Within a Conversation)〉라는 논문을 『의사소통학회』에 발표를 했습니다. 이 논문에서는 345명의 참가자들을 대상으로 최근 발생한 말다툼에 대해 누군가와 이야기를 나누는 상황을 실험했습니다. 이 말다툼하는 상황에서 느낀 화난 감정을, 메시지를 적어서 전달하게 했습니다.

연구팀은 이 메시지들을 사람 중심(person-centered) 메시지인지 아니면 그 반대 메시지인지 두 가지로 나누었습니다. 사람 중심 메시지는 화가 난 대상의 감정을 중심으로 이야기를 전달하는 것입니다. 예를 들면, '당신이 화가 날 만해요. 그리고 화가 날 권리도 있어요. 왜 스트레스를 받고 있는지 알겠어요.'처럼 타인의 감정을 중심으로 계속해서 이야기를 나누는 것을 말합니다.

반대로 사람 중심 내용과 반대되는 메시지는 감정과 상관없이 화난 말에 초점을 두고 나누는 대화를 말합니다. '당신이 이렇게 화를 낸다고 얻을 수 있는 건 없어.'와 같은 말입니다. 말 자체는 옳을 수 있고 합리적인 것처럼 보이지만 상대의 감정을 과소평가하는 듯한 말투는 상대에게도 나에게도 도움이 되지 않았습니다.

전달받은 메시지가 기분을 개선하는 데 도움이 됐는지 평가를 했습니다.

 실험 결과, 상대방의 감정과 상관없는 합리적이고, 논리적이고, 타당한 말을 전하는 것은 서로의 감정을 개선하는 데 도움이 되지 않았고 화를 더욱 높이는 문제를 만들었습니다. 반대로 사람 중심 메시지들은 화나 분노 뒤에 감춰진 근본적인 감정에 영향을 미쳐서 상황을 정리하도록 도와줬습니다. 결국에는 감정을 달래야 합니다.

 '달래다'의 어원은 '달라고 하다'라는 말입니다. 도대체 뭘 달라고 해야 할까요?

 상대가 힘들어하는 감정을 나에게 달라고 말하는 대화를 건네야 합니다. 화난 근본적인 감정을 혼자 다 감당하려 하지 말고, 뺄셈, 나눗셈해서 달라고 하는 말을 해야 합니다. 보통 어르고 달랜다고 합니다. '어르다'의 어원인 '어우르다'는 여럿을 모아 한 덩어리나 한 판이 크게 되게 하다는 뜻입니다. 찢기고 떨어지고 흩어진 마음을 모으는 대화가 우선이어야 합니다. 마음 하늘에 현기증이 날 정도로 별이 총총하면 좋겠습니다. 누가 건드리기만 해도 마음 마당에 한가득 별이 떨어지며 온 사방을 밝히는 그런 행복이 넘치길 바랍니다.

굴러가는 눈덩이처럼 부풀어 오르는 불통은 소통의 길을 가로막게 됩니다.

9. 사춘기보다 부모 스스로가 먼저

> 사춘기가 되는 아들 때문에 남편의 말이 점점 거칠어져요.

"감정을 통제하고 조절하는 약은 없지만 방법은 존재합니다."

자녀의 변화에 따라 부모 삶의 마디마디도 새롭게 이름이 정해져야 합니다.

번거로움, 두려움, 현실적인 상황, 트라우마. 숱한 이유들로 진실한 마음은 혼탁해지고 언어는 어두워지기 시작합니다. 한정된 삶 속에서 무엇도 무기한 연기를 할 수 없으므로 부모로서 자녀에게 어떠한 선택이든 기어코 하게 됩니다. 그렇게 각자의 가정에서 부모와 자녀의 삶의 모양은 조금씩 잡혀 갑니다.

자녀를 이해하고, 사춘기를 이해하기 전에 그보다 간절히 '부모' 자신을 먼저 이해해야 합니다. '나 자신'을 공부함으로써, 자녀 앞에서 크게 감정이 흔들리지 않게 해야 합니다. 어떤 상황에서 인지할 틈도 없이 자녀의 눈빛과 말투가 고스란히 부모의 생각으로 흡수되어 흔적도 없이 곧장 빠져나가 버립니다. 그것이 감정의 속도입니다. 부모가 할 수 있는 일이라고는 그냥 즉각적으로 반응하는 일밖에 없습니다. 이러한 반응을 늦추고 부드럽게 반응하며 말하는 법을 익혀야 합니다.

2021년 영국 레딩대학교 사회 심리학 네타 와인스타인(Netta Weinstein) 교수팀은 〈고개 끄덕임, 열린 자세를 칭찬, 적극적 경청이 청소년 자녀의 마음을 여는 데 도움이 된다.(Parental listening when adolescents self-disclose.)〉라는 논문을 『실험아동심리학회지(Journal of Experimental Child Psychology)』에 발표했습니다. 이 논문에서는 13세에서 16세 사이의 청소년 1,001명을 실험 참가자로 모집해서 부모와 대화하는 영상을 보고 관찰 연구를 진행했습니다.

연구 결과, 청소년 자녀가 스스로 잘못된 행동을 인정하고 상처받은 감정을 공유하게 하려면 부모가 진심으로 경청하는 자세가 가장 중요한 것으로 나타났습니다. 특히 언어와 함께 비언어의 중요성이 증명되었습니다.

눈을 마주치지 않고 산만하게 대화하는 부모와 자녀일수록 자녀는 마음을 닫고 부정적인 말을 이어 가는 것으로 나타났습니다. 반면에 눈을 보며 대화하면서 적극적인 경청을 하는 부모와 자녀의 대화에서는 자녀가 자신의 잘못을 인정하고 더 마음을 열 가능성이 높은 것으로 나타났습니다.

우리는 자주 사랑한다는 말을 하지만 사실 단 한 번도 같은 의미의 사랑은 없습니다. 매번 다른 계기와 순간의 감동, 순간의 설렘, 그밖에 자녀로부터 느낄 수 없는 수많은 순간의 여러 감정들을 사랑이라고밖에 부르지 못합니다. 존재만으로도 느껴지는 감동을 그렇게 부르는 것입니다.

부모의 옷깃만 스쳐도 자녀의 마음에는 온갖 감정의 꽃이 피어납니다. 부모가 하는 말은 존재 그 자체로 살아온 삶입니다. 매일 부모가 건네는 언어의 옷을 입게 되는 자녀의 마음에 미움 자리를 만들지 말고 희망 자리만 지어야 합니다. 부모의 가늘고 뾰족해지는 언어는 자녀의 감각 촉수를 밀어 올려서 한 공간에서 흐르는 바람도 찢을 수 있게 만들어 버립니다. 부모와 자녀 사이에서 일어나는 설명되지 않는 모든 일을 설명하기 위해 사랑이라는 단어가 태어난 것입니다.

사춘기 자녀가 부모의 사랑을 느끼면서 잘 이겨 낼 수 있도록 적극적 경청과 사랑을 건넬 수 있으면 좋겠습니다.

사춘기를 이해하기 전에 그보다 '부모' 자신을 먼저 이해해야 합니다.

10. 도움을 요청하려면 몸과 마음이 봄

> 도와 달라는 말을 왜 못 하는 걸까요? 자존심 때문인가요?

 모든 것을 혼자만의 것으로 만들어 버리면 외로움, 고립감이라는 고통이 덤으로 찾아오게 됩니다. 고립감은 사람을 몇 배나 더 힘들고 자존심만 강하게 만드는 마력을 가지고 있습니다. 산과 바다를 함께 껴안을 만큼의 자존감 높은 사람은 없지만 시간을 머금은 아름드리 소나무 한 그루 안을 수 있을 정도의 자존감은 필요합니다. 어느 정도의 자존감만 있어도, 자연스럽게 자존심은 내려갑니다.

 2018년 독일 만하임대학교 안나 부룩(Anna Bruk) 교수팀은 〈아름다운 허점 효과: 자기-취약점 평가의 다른 차이(Beautiful mess effect: Self-other differences in evaluation of showing vulnerability)〉에 대한 논문을 『성격과 사회심리학회지』에 발표했습니다. 수백 명의 실험 참가자들에게 자신의 단점이나 허점을 타인에게 드러내거나, 반대로 타인의 취약점이나 허점을 관찰하는 가상의 시나리오를 바탕으로 테스트를 진행했습니다.

실험 결과, 참가자들은 자신들의 취약점에 대해서는 극도의 부정적인 평가를 했지만, 타인의 허점에 대해서는 긍정적인 시각으로 바라보는 것으로 나타났습니다. 이 실험 이후, 실제로 현실에서 자신의 허점을 드러내거나 타인의 허점을 목격하는 상황이 벌어진 상황을 관찰했습니다. 놀랍게도 가상 시나리오 테스트와 동일한 결과를 보였습니다.

결과적으로, 타인이 나 자신을 부정적으로 볼까 봐 근심, 걱정하는 것은 자연스러운 본능입니다. 거절로 상처를 받을까 봐, 나의 단점을 비웃을까 봐 두려운 것입니다. 그렇기에 자존심이 강하면 강할수록 자신의 단점과 취약점을 드러내지 않으려는 경향이 강해지는 것입니다. 하지만 실험에서 보이다시피 남들은 내 생각과는 달리 긍정적으로 평가한다는 점입니다.

자존심만 내세우는 사람들은 과거를 찾아 걸어가는 시간 여행자들입니다. 내가 과거에 피워 낸 화려한 꽃들만을 어루만지고 바라보기를 좋아하기 때문에 지금 당장 피워야 할 꽃들은 외면하면서 무시를 하고 있는 것입니다. 마음이 겨울인 사람들은 늘 뾰족뾰족한 얼음 같은 생각으로 봄이 없는 계절만 넘쳐 납니다. 그러다 보니 따뜻한 봄날 같은 날이 오면 어색해서 어쩔 줄 모르게 됩니다.

지금 사용하고 있는 언어와 행동이 곧 나의 역사입니다. 입과 손과 발은 자신의 집을 짓습니다. 그래서 눈짓, 손짓, 발짓을 하면서 직접 만든 집에서 거주합니다. 거칠고 투박한 집을 지은 사람은 새롭게 허물고 다시 짓는 것이 어렵습니다. 그래서 나의 생과 함께하면서 오랜 시간 짓고 있는 눈, 손, 발의 집을 잘 지어야 합니다. 거친 자존심이 만들어 놓은 폐허에서 살아가다 보면 그와 어울리는 대인 관계를 맺고 살 수밖에 없습니다. 시선 닿는 곳, 모두 숱한 어두운 관계뿐입니다.

적절하고 진심이 담긴 도움을 요청하려면, 몸과 마음이 봄이어야 가능합니다. 따뜻하고 온기 가득한 말과 행동의 틈마다 스며들어 있는 시간이 단단한 자존감을 만들어 줄 것입니다. 들썩거리던 자존심도 높은 자존감 앞에서는 슬그머니 고개를 접을 것입니다.

적절하고 진심이 담긴 도움을 요청하려면, 몸과 마음이 봄이어야 가능합니다.

11. 큰 파도가 잔잔해질 때까지

> 애들 문제로 남편과 대화를 시작하면 매번 끝을 내지 못하고 싸우게 됩니다.

아이들을 기르다 보면, 오래 함께 살아도 생각과 마음이 맞지 않을 때가 있습니다. 걱정과 사랑이 서로 다른 말이 아니라는 사실을 실감하게 됩니다.

오해하지 않도록 자신의 대화하는 방식을 바꿔야 합니다. 오래 함께 살아도 생각과 마음이 맞지 않을 때가 있습니다. 특히 결정적일 때 어긋나는 경우가 한두 번이 아닙니다. 이럴 때 공감이 결핍된 말로 필연적 다툼을 이어 가게 됩니다. 이것을 심리학에서는 **'공감의 실패(empathic failure)'**라고 합니다. 공감이 없는 순간에는 날카로운 이빨을 드러낸 뾰족한 말들만 상대에게 향합니다.

아내의 불편한 마음을 의식하는 남편의 복잡한 심경, 아내의 볼멘소리에 미안함과 부끄러움이 미숙해서 남 탓을 하는, 즉 **투사(projection)**로 바뀌게 됩니다. 서로에게 불편했던 마음은 일시에 터져 나오곤 합니다. 본능적으로 상대방의 감정에 반사적으로 반응하게 됩니다. 이때 대화의 속도가 빨라지게 됩니다. 속도가 빨라지면 서로의 말을 듣고 수용과 분석할 수 있는 능력이 떨어지게 됩니다. 이런 이유로 대화 속도가 빨라지는 것을 막아야 합니다.

부부 상담 기법 중에 **'타임아웃(time-out)'**이라는 것이 있습니다.

대화 도중에 감정이 격앙되거나 큰소리가 날 때 '타임아웃'을 외치는 것입니다. 잠시 동안 대화를 중단하고 뜨거운 감정을 식혀 주는 시간을 갖는 것입니다. 큰 파도가 잔잔해질 때까지 기다려 주는 것과 같습니다. 느닷없이 폭설이 오는 장소에서 빨리 벗어나야 살 수 있는 것과 같습니다. 감정이 가라앉으면 다시 대화를 시작하면서 충분한 대화를 나눠야 합니다.

이때 중요한 대화의 방식이 하나 더 있습니다. 작은 것에 대한 인정과 공감을 하면서 대화를 이어 나가는 것입니다. 마음에 생채기를 내지 않도록 공감할 부분을 찾고, 인정되는 이야기에 고개를 끄덕여 주는 것입니다. 이러한 작은 수용들은 대화를 부드럽게 하고 변화를 가져오는 시작이 됩니다.

서로의 입장이 다를 수 있음을 공감하지 못하면 상대가 건네는 눈짓과 손짓, 모든 것들이 칼날처럼 다가와 온몸에 박혀 아픔을 줍니다. 아프다 보면 순간 잃었던 동물적 감각이 맹렬하게 살아나서 날카로운 눈빛과 창날 같은 몸짓으로 전투태세를 갖춥니다. 시선은 바늘 끝만큼 날카로워서 쳐다볼 때마다 아픕니다.

해묵은 문제들을 정리하고 해결하기 위해서라도 타

임아웃과 작은 인정 그리고 대화의 속도를 늦추는 것. 이러한 방법들을 차근차근 하나씩이라도 실천해야 매일 조금씩 변화되기 시작할 것입니다. 아무런 시도도 없이 열심히 시간만 기다려 봐야 특별한 것을 발견할 리가 없습니다. 오직 힘들었던 서로의 마음을 이해하고 충분히 공감하고 보듬어 주려는 노력이 극복의 열쇠가 될 것입니다.

공감이 없는 순간에는 날카로운 이빨을 드러낸 뾰족한 말들만 상대에게 향합니다.

12. 자녀의 발끝마다 봄날이 솟아오르기를

> 부모로서 애들한테 뭔가 늘 부족하다고 느껴져요. 이것도 심리적인 문제가 있을까요?

"그런 감정은 자연스러운 겁니다. 자신들 먹을 것까지 모두 퍼 주고도, 아쉬운 얼굴로 자녀를 바라보는 것이 부모이니까요."

자녀의 삶에 붙어 사는 삶을 운명처럼 받아들이는 부모님들께 드리곤 하는 말입니다. 자녀가 남긴 발자취는 가는 곳마다 부모의 옷깃을 잡고 놓지 않습니다. 자녀의 얼굴을 보고 있으면 감춰 둔 보석을 발견한 것처럼 행복을 주체할 수 없고, 죽을 때까지 품에 안긴 아기처럼 자녀를 바라보는 것이 부모일 수밖에 없습니다.

갓 태어난 자녀의 영혼은 풀잎에 맺힌 이슬처럼 맑

고, 그런 자녀를 품에 안은 부모의 마음은 역경을 헤쳐 나갈 수 있는 용광로처럼 뜨겁습니다. 하지만 살면서 이런 마음들이 수장될 위기를 겪으면서 안타까운 심정이 온몸에서 묻어 나오게 됩니다.

온갖 수식어로도 다 설명하기 어려운 부모 역할에 첫발을 딛는 순간, 사용하고 있는 언어가 얼마나 빈약한지 실감을 하게 됩니다. 부모로서 살아가는 동안 삶의 무대를 촘촘히 누비고 다니면서 폐허가 되기도 하고, 벅찬 희열을 보기도 하는 것이 부모입니다. 자녀의 발끝마다 봄날이 솟아오르기를 바라고, 또 자녀가 한 해마다 성장하면서 부모도 작은 깨달음을 건져 올리게 됩니다.

부모로서 가장 중요한 것은 자녀에게서 받은 자극을 '조절'할 수 있어야 한다는 점입니다.

자녀에게 어떤 영향을 어떤 방식으로 받고 또 자신은 자녀에게 어떤 영향을 주고 있는지 정확하게 파악

해 봐야 합니다. 직시해야 자녀와의 관계에서 자유로워질 수 있습니다. 좋든 싫든 자녀가 주는 자극에 부모 또한 어마어마한 영향을 받습니다. 자녀도 부모를 선택할 수 없지만, 부모도 자녀를 선택권 없이 주어진 환경에서 모든 것을 함께해 나가야 합니다.

2021년 미국 드렉셀대학교와 돈사이프보건대학교 연구진은 〈스트레스가 심장질환에 미치는 영향(Stress from Work and Social Interactions Put Women at Higher Risk of Coronary Heart Disease)〉에 대한 논문을 『미국심장학회지』에 발표했습니다. 이 논문에서는 8만 명 이상의 여성을 14년 7개월간 연구를 진행했습니다.

연구 결과, 일과 집안일을 병행하는 여성이 자녀와의 일상생활에서 받는 스트레스가 높고 이런 생활에서 직면하는 이중의 부담은 단순 직무 스트레스와 달리 심장질환 발병과 깊은 관련이 있는 것으로 나타났습니다.

정신적으로 심한 상처를 입고 금방이라도 무너질 것 같은 상태인데도 비교적 단단하게 시간의 침식을 견디고 있는 부모들이 많습니다. 앙상해진 마음에 뿌리를 내리고 싹트는 희망에서 아픔과 희망을 동시에 읽어 내기도 합니다.

가족! 사랑을 포함한 내가 지켜야 할 것들을 욕심 부리지 않고, 소중히 보듬고 고단한 일상을 맞이하면 좋겠습니다. 그러면 마음도 생각도 평화롭게 흘러가는 이 순간을 느낄 수 있을 것입니다.

자녀의 발끝마다 봄날이 솟아오르기를 바라는 것이 부모입니다.

당신의 가치를 다른 사람들이
결정하게 한다면,
당신은 이미 그 가치를 잃은 것이다.
왜냐하면 그 어느 누구도
그들보다 가치 있는 사람을
원하지 않기 때문이다.

- 피터 브렛 -

2장

사춘기가 되면
주파수가 달라집니다.

1. 사춘기는 분갈이를 해야 할 때

> 사춘기 자녀, 너무 힘드네요.

문득 올려다본 하늘에 새 한 마리가 힘차게 날아갑니다. 그 새가 내 자녀라고 생각해 보면 좋겠습니다. 사춘기 전까지는 부모를 이상화하고, 순종적으로 지내려고 노력하지만, 사춘기가 되면 부모의 장점보다는 단점이 보이고, 자신을 구속한다고 느끼기 때문에 부모와 집을 답답하게 느끼기 시작합니다.

부모는 화분입니다. 자녀라는 씨를 뿌려서 물도 주고, 빛도 주고, 모든 것을 주면서 키우게 됩니다. 생각보다 빠르게 자란 꽃은 화분이 비좁아서 힘들어합니다. 이제는 분갈이(repotting)를 해야 할 때입니다. 분갈이할 때 가장 조심해야 하는 것들이 있습니다. 통풍이 잘 되어야 하고, 물도 고이지 않게 해야 합니다. 분갈이를 한다는 것은 부모와 자녀가 새로운 관계를 형성하는 것입니다. 자녀에게 강한 규칙과 틀을 조금은 유연하게 하는 것을 말합니다. 지긋지긋한 사춘기를 끝낼 수 있는 열쇠는 자녀의 변화가 아니라 부모의 변화입니다.

2021년 미국 펜실베이니아주 커츠타운대학교 글렌 월터스(Glenn Walters) 교수는 〈부모의 공감 능력이 청소년 자녀의 일탈 행동을 예방하는 효과가 있다.(Parental involvement can prevent teen delinquency.)〉는 것에 관한 논문을 발표했습니다. 이 논문에서는 12세에서 17세까지 약 4,000명의 학생들을 대상으로 자료를 조사했습니다.

자료 결과, 공감을 받는 자녀가 비행을 저지를 가능성이 낮다는 것으로 드러났습니다.

대개의 고통은 버리기보다 감싸안으려 하는 데서 시작됩니다. 자녀가 날아오르기 위해서 부모는 모든 것을 뼛속까지 비워 내야 하는 결단이 필요합니다. 버리지 않고 자유로워질 수도 없지만, 새로운 관계 형성도 불가능합니다. 하지만 사춘기 이전의 모습으로만 자녀를 바라보기 때문에 생각을 비우는 데 인색하게 됩니다. 부모가 많이 비울수록 자녀는 높이 멀리 나는 법입니다.

가족은 닮아 가기 마련입니다.

부모의 관계가 어떤지에 따라 가슴에 응어리를 품느냐, 미움 혹은 원망, 희망을 가지느냐가 결정됩니다. 그 섭리가 얼마나 오묘한지 감탄사가 절로 나올 정도입니다. 부모의 불안함은 자녀의 마음을 출렁거리게 만듭니다. 몸도 출렁거리고 마음도 출렁거리게 합니다. 반대로 부모의 안정감은 잠이라도 든 것처럼 자녀를 고즈넉하게 만듭니다. 병풍 같은 부모가 자녀를 감싸고 마음과 마음 사이에 사랑의 강이 흘러야 그 강을 따라 걷는 자녀는 서두르는 법 없이 느긋하게 걸어갈 수 있습니다. 그렇게 천천히 흘러 돌고 돌아 결국 세상이라는 바다에 닿게 됩니다.

바다에 이르지 못하는 자녀들이 많습니다. 몸은 어른이지만, 마음은 여전히 사춘기로 살아가면서 방황합니다. 생각도 마음도 흐르지 않고 고여서 썩어 가는 것입니다. 찬바람이 숭숭 드나드는 슬픔의 옷을 입고 이 길 저 길을 걸을 수밖에 없습니다. 안온보다 불만을 더 자주 느끼며 몸에 잉여의 살을 만들어 무거워지게 됩니다. 또 생각과 마음에도 잉여의 근심을 생산해서 희망보다 절망을 직면하고 있는 것입니다.

분갈이를 한다는 것은 부모와 자녀가 새로운 관계를 형성하는 것입니다.

2. 집중이 아니라 집착이었을 가능성

> 저는 최선을 다해 아이에게 집중했는데, 사춘기가 되어서 왜 우울한 아이가 되었는지 이해가 되지 않네요.

"집중이 아니라 집착이었을 가능성이 있습니다. 또 최선을 다하면 안 됩니다. 차선이나 차악이 더 좋은 선택입니다."

자신의 냄새와 향기를 가질 수 있도록 도와주는 것이 부모의 역할이어야 합니다.

너무 오랫동안 붙들고 있으면 아무리 씻어도 빈손에서 냄새가 가시지 않는 것과 같습니다. 진정으로 의존할 때 자신이 의존한다는 사실을 깨닫지 못하는 것입니다. 부모가 해 주는 일에 자녀가 일일이 감사를 전달하면 모르겠지만, 너무도 당연하다는 듯 받으면서 짜증은 짜증대로 부린다면 사랑의 관계가 아니라 애증의 관계입니다.

사랑과 미움이 힘을 겨루면 이상하게도 미움이 이길 때가 많습니다.

애증, 즉 사랑과 미움이 서로 얼굴을 맞댄 상태로 마치 서로를 향해 검은 화살을 겨누고 있는 것과 같은 모습입니다. 그러다 시간이 흘러 사춘기가 되면 힘껏 당겼던 뾰족한 언어와 날카로운 표정의 화살을 마구 쏘아 대기 시작합니다. 부모도 같이 맞대응하며 화살을 당깁니다. 매일같이 전쟁을 치르듯 보냅니다. 서로의 가슴에 빈 공간이 없을 만큼 화살이 꽂혀서 온갖 검은 울분을 토해 내게 됩니다.

2016년 국립싱가포르대학교 심리학과 리안 홍(Ryan Hong) 교수팀은 〈부모가 자녀의 인생에 과도하게 개입할수록 자녀가 불안하고 우울한 사람으로 성장할 가능성이 높다.(Children with intrusive parents likely to be overly self-critical.)〉라는 논문을 『성격학회지』에 발표했습니다. 이 논문에서는 5년간 초등학생 자녀를 둔 부모를 대상으로 연구를 진행했습니다. 자녀들에게 퍼즐을 주고 제한된 시간 안에 완성하도록 하면서, 부모가 자녀의 과제 수행에 관여할 때 통제하려는 행동을 살펴보았습니다.

연구 결과, 부모가 자녀의 학습이나 생활에 깊게 관여하면 할수록 자녀는 자기비판적인 성향을 보이는 것으로 나타났습니다. 또 작은 실수에도 예민하고 스스로가 실수를 저지를까 봐 불안감과 우울감이 높아져서 친구들과의 관계에서 안정감을 가지지 못하는 것으로 드러났습니다.

아이가 부모에게 돌봄을 받는 것은 지극히 자연스러운 관계입니다. 하지만 집착을 경험하는 것은 부자연스러운 관계를 형성합니다. 고개를 갸우뚱하는 관계인 것이고 의존하고 싶지 않으면서도 자꾸만 의지하게 되는 집착하는 심리 때문에 갈등의 꽃은 만발하게 됩니다. 갈등이 크면 클수록 가족의 대화에는 자세한 번역이 필요할 정도로 서로 알아듣지 못하는 대화가 난무하게 됩니다.

 태어나서 처음 배우는 생존의 방법은 '의존'이지만, 사춘기가 되고 커 가면서 삶의 지혜로운 방식은 '존재적 독립'에 있습니다. 자녀가 스스로의 삶을 계획하고 하루라는 시간의 벽에 직접 자신의 냄새를 묻혀 가며 살아갈 수 있도록 응원하는 것이 부모의 자세여야 합니다.

집중이 아니라 집착이었을 가능성이 있습니다.

3. 자녀의 감정을 읽을 수 있는 안테나가 되어야

> 애들이 사춘기가 되면서 대화하기가 힘들어지네요.

"부모는 자녀의 감정을 읽을 수 있는 안테나가 되어야 합니다."

사춘기가 되면 주파수가 달라집니다.
생각의 주파수와 감정의 주파수, 그리고 행동의 주파수 모두가 일치하지 않는 현상을 보이는 것이 바로 사춘기입니다. 안온하던 아이들은 속절없이 흔들리고 생각도 감정도 하나둘 부러지고 쓰러지는 것이 보통입니다. 이런 자녀들에게 느닷없이 들이닥친 변화에 부모도 넘어지고 다치는 날이 많아집니다. 그래도 원망이나 한탄을 하기보다는 추스르고 일어나야 합니다. 겨울을 나지 않고 자라는 나무가 없듯이 사춘기를 거치지 않고서는 성장하는 사람도 없기 때문입니다.

한 사람을 아는 데 긴 설명이 필요 없을 때도 있지만 사춘기 자녀를 아는 데는 긴 시간이 필요하기도 합니다. 사춘기를 견디며 변화와 변모를 거듭한 시간의 뼈들이 성인이 되어서 빛나게 될 것입니다. 특히 이 시기에 부모가 건네는 위로와 지지는 겨울을 보내는 사춘기 자녀의 마음을 햇살로 포근하게 감싸며 따뜻하게 만들어 줍니다. 당장은 차갑고 서리 낀 말투와 뾰족한 행동을 드러내지만 뒤에서는 조용히 부모의 온기를 하나하나 음미하며 긴 이야기를 나누고 있습니다.

2017년 미국 아이오와대학교 엘리자베스 셔클리프(Elizabeth Shirtcliff) 교수팀은 〈긍정적인 양육은 6년 후 성인기의 스트레스를 예측 가능하다.(Positive parenting predicts cortisol functioning six years later in young adults.)〉라는 논문을 『발달과학회지』

에 발표했습니다. 이 논문에서는 300명 이상의 청소년 참가자를 대상으로 '주 양육자인 엄마와 아빠와의 관계' 등을 조사하는 동시에 참가자들에게 과제를 주고 완성했을 때, 부모에게서 적절한 격려와 보상에 대해 스스로 어떤 영향을 받았는지 살펴보았습니다.

연구 결과, 뇌에서 스트레스 호르몬인 코르티솔을 분비하는 뇌하수체의 민감도가 부모와의 관계에 따라 다르다는 것을 밝혀냈습니다. 특히 청소년기에 부모와의 관계는 성인이 되었을 때 스트레스 호르몬의 수치까지 결정하는 것으로 나타났습니다. 부모에게서 칭찬과 보상을 적절하게 받은 청소년들은 성인이 되었을 때 대인 관계에 집중하고 상황 판단과 대처 능력이 뛰어난 것으로 나타났습니다.

육아와 양육의 길은 다른 표현이 생각나지 않을 만큼 신비로우면서도 아픈 경험입니다. 조금 가파른 양육의 계단을 올라가다 보면 불쑥 나타나는 사춘기의 바위에 놀라기도 하고, 언제 그랬냐는 듯 좋아질 때면 가슴 벅차게 안도감과 뿌듯함이 다가오기도 합니다. 태어나서 말을 하기 시작할 때는 얼마나 엄마를 좋아했던지 매일 자신의 눈을 보라고 해서 에너지가 바닥날 지경이었지만, 사춘기 때는 단 한 번 눈 맞춤조차 하지 않아 마음 나무에는 눈물방울만 주렁주렁 맺히기도 합니다.

자녀는 소유나 종결의 대상이 아닙니다. 부모의 가슴속에 한 송이 꽃으로 남으면 되는 존재입니다. 스스로가 꽃이라는 것을 깨달을 수 있도록 부드러운 격려로 기다려 주는 부모가 되면 좋겠습니다.

부모는 자녀의 감정을 읽을 수 있는 안테나가 되어야 합니다.

4. 부모의 불안도를 먼저 낮춰야

> 예민한 아이를 어찌 대해야 할지 모르겠어요.

"중학생 된 아이가 한번 화나면 통제가 불가능해요."

남들 다 봄을 즐겨도 아직 겨울바람이 가슴을 마구 파고든다는 엄마들이 있습니다. 바로 자녀가 정신이든 신체든 힘들어하는 모습을 바라봐야 하는 엄마입니다. 그런 마음은 늘 우울입니다. 걱정을 이불 삼아 덮은 채 잠들고 깹니다. 자녀를 볼 때마다 생각의 길은 잃지 않았지만 마음은 정착할 곳을 찾지 못합니다.

혹시 자녀가 예민한 것이 나의 탓이 아니라면, 부모의 탓이 아니라면, 자주 안아 주길 권해 드립니다. 기질적으로 예민한 아이들도 많습니다. 그런 경우에는 수만 번 반복을 통해서라도 온몸에 긴장을 내려놓을 수 있도록 안아 주면 효과적입니다.

자녀를 자주 안아 주고 손잡아 주는 것만으로도 예민한 아이가 조금씩 정상으로 돌아오게 만들 수 있습니다. 말로 설득이나 이해시키기보다는 먼저 안아 주는 것이 진통제보다 더 효과적입니다.

2016년에는 이스라엘 하이파대학교 심리학과 파벨 골드스타인(Pavel Goldstein) 교수팀은 〈공감은 접촉 중 실험적인 통증 감소를 예측한다.(Empathy Predicts an Experimental Pain Reduction.)〉라는 논문을 발표했습니다. 이 논문에서는 수십 명의 여성 참가자들을 대상으로 통증에 대한 실험을 했습니다.

참가자들의 팔을 금속 막대기로 때려서 일시적인 통증을 겪게 할 때 배우자가 옆에서 손을 맞잡고 껴안아 주는 것만으로도 통증을 달래 주는 것을 확인했습니다. 포옹을 할 때 피부 감각에 '파치니 소체'라고 불리는 압력 수용체가 활성화되어서 혈압이 상승되는 것을 막는 데 도움을 주고 심장이 편하게 휴식을 취할 수 있도록 도와주는 것으로 밝혀졌습니다.

혹시라도 자녀의 예민함의 원인이 어두운 가정의 환경이라 생각되신다면, 부모 스스로가 삭고 있는 가슴의 못을 하나씩 빼내는 작업을 시작해야 합니다. 집 안에서 부모가 송곳같이 숨 막히는 침묵을 자녀에게 선물하고, 숨 막히는 눈짓과 손짓의 한 획 한 획은 자녀의 가슴에 깊은 상처의 고백록을 써 나가는 것과 같습니다.

엄마의 행복이 회복되어야 아이의 예민함도 사라지는 사례는 셀 수도 없이 많습니다. 감정과 신체적 반응은 '전이(transference)'가 됩니다. 불안도가 높은 부모의 자녀는 성장하면서 그 불안감을 고스란히 전이받습니다. 그렇기 때문에 아이의 불안함에 초점을 맞추기보다 부모의 불안도를 먼저 낮춰야 하는 것입니다.

TV에서 자신의 몸을 만지기만 해도 주인의 손을 물어뜯는 강아지를 변화시키는 모습을 본 적이 있습니다. 놀라운 장면은 자신의 손이 물어뜯기면서도 계속해서 쓰다듬는 행동을 반복한 결과 그 강아지가 주인의 손을 받아들이는 순간이었습니다. 가슴이 찢기고 아파도 계속해서 자녀에게 손길을 내밀어야 합니다. 절대로 포기하면 안 됩니다. 돌 틈 사이에서도 꽃은 핍니다.

내 살 한 움큼, 내 피 한 모금 덜어서 자녀에게 언제든 주겠다는 생각이 든다면, 더 이상 망설이지 말고 매일 안아 주고 손잡아 줘야 합니다. 회복의 시작은 고통을 알면서도 망설임 없이 문을 열고 걸어 들어가는 것입니다.

아이의 불안함에 초점을 맞추기보다 부모의 불안도를 먼저 낮춰야 합니다.

5. 술은 폭력과 깊은 관련

> 아들이 술만 마시면 폭력적으로 변해요. 도대체 왜 이러는 거죠?

"성격에 따라 주사가 다릅니다. 그리고 술은 폭력과 깊은 관련이 있습니다."

술 마시는 사람은 꿀맛이라고 좋다 말하지만, 그 가족과 지인은 얼마나 힘들고 고통스러운지 죽을 맛일 겁니다.

소주를 드시나요. 소주는 쌀, 보리, 고구마 등을 섞어서 증류하는 것입니다. 하지만 이 곡류로는 절대로 높은 도수를 증류하지 못하기 때문에 결국에는 석유 추출물을 섞게 됩니다. 쉽게 말씀드리면, 소주의 문제는 바로 석유의 부산물에서 나오는 물질인 '에틸카바메이트'가 들어간다는 것입니다. 절대로 마시지 마세요.

소맥이 좋다고요? 안 됩니다. 술은 위와 소장에서만 흡수됩니다. 근데 소주와 맥주를 섞으면 위와 소장에서 흡수가 잘되는 도수로 맞춰집니다. 즉, 착각하는 것입니다. 몸에 빨리 흡수되는 것을 소맥이 자신에게 맞는다고 착각하는 것입니다. 그리고 맥주는 골다공증을 유발합니다. 절대로 자주 마시지 않길 바랍니다.

간단하게 이야기하면, 술은 재료도 위험하지만 몸 안에 들어와서 흡수될 때, 말하는 사람을 변하게 만듭니다. 보통 이를 '술주정'이라고 합니다. 술이 참 이상한 존재입니다. 머리를 마비시키지만 근육과 심장에는 에너지원이 됩니다. 결국에는 술을 마시면 평상시보다 신체가 강해지지만 머리는 이성을 상실하고 본능만 존재하게 됩니다.

이런 현상을 **'탈억제(disinhibition) 반응'**이라고 합니다.

술 마시기 전에는 그나마 충동적인 생각, 감정, 행동을 억누를 수 있는 힘이 있지만, 술이 몸에 들어오는 순간 억눌렀던 스트레스나 공격성 또는 우울감의 버튼이 켜져서 작동되는 것입니다. 자주 이 버튼을 누르게 되면, '중독'이 되는 것입니다.

알코올과 관련한 생쥐 실험이 있습니다. 갑작스러운 자극에 쥐는 전율을 느끼면서 버튼을 누르는 속도가 점점 빨라집니다. 주변에 마실 물과 먹을 음식이 있는데도 쳐다보지도 않게 됩니다. 미친 듯이 버튼을 누르고 있는 모습을 볼 수 있습니다. 이러한 모습을 닮은 사람을 '알코올 사용 장애'라고 합니다.

뇌에 쾌락을 담당하는 영역에 흥분 호르몬인 도파민이 분비되면, 원초적인 본능이 순식간에 나를 삼켜 버리게 됩니다. 쾌락에 지배당한 몸은 과각성 상태로 유지되면서 스트레스가 가득한 현실로부터 해방감을 맛보게 됩니다. 그러다 술기운이 떨어지면 제정신으로 돌아와 현실을 마주하게 됩니다. 하지만 신체는 현실이 너무 잔잔하고 편안해서 심심하다고 느낍니다. 이때 무의식적으로 심심한 현실에서 벗어나기 위해 눈과 손은 술병으로 향하는 것입니다.

책 한 권에 1만 5천 원. 소주가 2천5백 원 정도 하니까 책 한 권 살 돈으로 소주를 6병이나 살 수 있는 돈이라고 여기기에 너무 쉽습니다. 가족 중에 술을 너무 자주 마시는 자녀가 있다면, 술과 함께하는 회피가 아니라 진짜 자신의 삶을 살고, 하루라는 소중한 행복을 맛볼 수 있도록 도와주면 좋겠습니다.

술은 폭력과 깊은 관련이 있습니다.

6. 반사회성이 한 줌의 재로 남겨지는 순간

> 어떻게 하면 학교폭력 가해 학생의 공격성을 줄일 수 있는지 궁금합니다.

"상식이 불꽃이 되어 가해 학생의 마음 안에서 깊숙이 타올라 반사회성이 한 줌의 재로 남겨지는 순간을 기다리면 좋겠습니다."

피해 학생의 절규도, 침묵도, 이해하고 읽어 낼 수 있도록 알려 주어야 합니다.

정답은 없지만 해답은 찾아야 하고, 또 찾으려고 노력해야 합니다. 제2의 피해자가 나오지 않기 위해서 또 가해 학생이 더 큰 어둠의 길로 들어가지 않도록 막기 위해서라도 자신의 장난스러운 행동이 타인에게는 마음에 상처를 남긴다는 사실을 알려 주어야 합니다.

피해 학생은 마음을 찔리면서도 비명조차 지르지 못하고, 한 줌의 재와 침묵을 쥐고 견뎌 내고 있다는 사실을 가해 학생은 알 리가 없습니다. 피해 학생에게 아픔과 상처의 마침표를 찍을 수 있도록 도와줘야 하지만 가해 학생에게도 자신의 삶을 변화시킬 수 있는 의지를 가지게 도와줄 필요가 있습니다.

2022년 미국 플로리다대학교 캐슬린 해리스 교수 팀은 〈청소년-성인 건강에 관한 종적연구(National Longitudinal Study of Adolescent to Adult Health)〉라는 논문을 『아동청소년학회지』에 발표했습니다. 이 논문에서는 평균 14-15세 2만 5천 명의 문제행동을 보인 참가자들을 대상으로 2년간 독서, 미술, 음악 등의 예술 활동이 미치는 영향을 조사했습니다.

연구 결과, 최초 설문 조사 이후 1년과 2년 후 조사에서 독서, 미술, 음악과 같은 예술 활동을 꾸준히 한 학생들의 경우, 싸움에 가담하거나 절도 등 범죄적인 행동에 가담할 가능성이 낮아지는 것으로 나타났습니다. 그 이유는 예술 활동을 꾸준히 하면서 자기 조절력이 높아지고, 높아진 자기 조절력은 반사회적인 행동 패턴을 부정적으로 바라보는 능력이 향상되었기 때문이었습니다.

자신의 행동을 옳고 그름의 기준을 가지고 구분하려는 의지는 무엇보다 중요합니다.

정확하고 분명하게 명료한 매듭을 지어야 할 도덕성을 느슨하게 풀고 삶의 행간을 살아가는 그들에게 이전보다 올바른 숨을 쉴 수 있도록 도와주어야 합니다. 부정적으로 써 내려간 삶의 기록을 수정하고 편집하고 다시 써 내려갈 수 있도록 알려 주어야 합니다.

얼어붙은 호수는 어떠한 것도 비추지 못한다는 사실을 알려 주어야 합니다. 불빛도 그림자도 잃어버리고 단단하게 서슬만 빛나고 있을 뿐 아무것도 어떤 것도 마음에 품지 못한다는 사실을 깨닫게 해야 합니다. 헛되이 던진 돌멩이가 얼마나 큰 상처의 물결로 메아리를 치는지 느끼게 해 주어야 합니다.

피해자의 마음을 품은 채 가해 학생들이 어둠의 그늘 아래서 일생이 다 지나가도록 서성이게 만들지 않고, 삶의 굴곡진 모퉁이를 돌아 생명을 건네고 희망의 말이 입술에 붙을 수 있도록 도와줘야 합니다.

가해 학생에게도 자신의 삶을 변화시킬 수 있는 의지를 가질 수 있도록 도와줘야 합니다.

7. 우정은 눈에 보이지 않지만
   마음에 스며드는 향기

> 저는 친구와 많은 이야기를 합니다. 친구가 너무 좋은데, 이런 것도 문제가 될까요?

"마음을 털어놓을 수 있고, 슬픔을 함께 등에 지고 갈 수 있는 친구가 있다는 것은 한 세계를 갖는 것과 같다는 말이 있습니다."

오리무중 속을 헤맬 때 손을 오래 잡아 준 친구라면, 회복도 성장도 친구로부터일 것이라고 믿어 의심치 않습니다.

우정은 눈에 보이지 않지만 마음에 스며드는 향기와 같아서 시간을 오래 품고 있습니다. 길을 가다가 우체통을 보고 마음을 부치고 싶은 대상이 있다면 아마도 친구일 것입니다. 가족이 힘들게 할 때 마음을 붙잡게 해 주는 친구의 존재는 분명 필요합니다. 사랑은 사랑할 때만 사랑하는 것이지만, 우정은 언제나 가장 힘 있는 격려처럼 생각하는 마음을 잃지 않게도 합니다.

사람이 할 수 있는 최고의 혁명 같은 것이 사랑이라면 우정은 사람이 할 수 있는 최상의 혈맹 같은 것입니다. 관계 때문에 괴롭기도 하지만 다른 관계 때문에 사람이 아름다울 수도 있습니다. 아름다움은 진정한 마음이 있는 곳이면 어디서든 자랄 수 있습니다. 친구와 그런 관계라면 누구보다도 서로가 서로에게 상처의 기억을 더 적극적으로 꺼내서 펴 말릴 수 있는 존재일 것입니다.

2017년 웹엠디 건강학회의 연구에 따르면, 148건의 연구를 대상으로 분석을 한 결과, 〈내 편이 아니면서 내 편인 척하는 나쁜 친구가 곁에 있다면, 우정이란 명분 아래 독성을 품고 스트레스를 높여서 결국 신체 내에 염증을 증가시켜서 사망 위험이 50% 높아진다.〉

라는 결과를 발표했습니다. 반대로 힘들 때, 곁을 지켜 주고 용기를 주고 따스한 위로를 건네는 진짜 친구가 곁에 있다면 사망 위험이 50% 감소한다는 사실이 밝혀졌습니다.

나쁜 친구를 가려낼 수 있는 방법에는 네 가지 정도 유형을 보면 됩니다. 이기적인 모습이 있는 친구, 혹은 지나치게 비판적인 친구, 아니면 의도가 아무리 좋아도 서로의 심리적 영역을 존중하지 않고 도를 지나치게 넘는 친구, 그리고 내게 좋은 일이 생겼을 때 기쁨을 나누기보다 기분을 상하게 하는 이야기를 늘어놓으며 경쟁심을 보이는 친구는 정신적 에너지를 고갈시키는 사람으로서 친구라는 이름에 걸맞지 않은 대상입니다.

삶의 목적 중 하나는 자신을 아는 데 있습니다.

좋은 친구 관계를 유지하는 것이 나 자신을 아는 데 큰 역할을 합니다. 기쁨과 슬픔이 밀물과 썰물에 크게 흔들리지 않게 만드는 힘도 친구 관계에서 만들어집니다. 힘겨운 현실과 슬픔을 꿰뚫어서 망각을 선물하는 것도 친구 관계에서 힘을 얻습니다. 돌아오지 않는 시간처럼 멀어진 감정과 생각이 다가와서 가만히 위안의 말을 전하는 것도, 우울로 인해 침묵이 쌓이는 껍질들을 더 이상 씹지 않도록 토닥여 주는 것도 바로 친구 관계에서 이뤄집니다.

 좋은 친구를 두고 있다는 것은 마음속에 이정표를 걸어 두고 늘 올바른 방향으로 인도하고 쓰러지지 않도록 붙잡을 수 있는 등대를 가진 것입니다.

우정은 눈에 보이지 않지만 마음에 스며드는 향기와 같아서 시간을 오래 품고 있습니다.

8. 착한 아이 콤플렉스는
   혼자가 되는 것이 두려움

> 착한 아이 증후군이 나쁜 건가요?

착한 행동을 하는 것과 착한 아이 콤플렉스는 다릅니다.

성격적인 경향성은 크게 3가지, A군, B군, C군 성격으로 구분합니다. 그중에 C군 성격은 불안하고 겁이 많은 성격으로 주변 사람들의 의견에 따르거나 정해진 대로만 상황을 처리하려고 합니다. C군 성격은 3가지가 있습니다. 바로 강박성 성격, 회피성 성격, 의존성 성격입니다.

이 중에 착한 아이 콤플렉스는 의존성 성격에 해당

합니다. 모든 결정을 부모나 가족에게 양보하고, 자기 스스로 결정 내리는 상황을 불안해하면서 지나치게 순종적인 모습을 나타냅니다. 이러한 모습 때문에 다른 관계가 형성되지 않고, 지속적으로 안정적인 애착이 형성되지 않게 됩니다.

또 홀로 남겨지는 불안감을 피하기 위해 특정 관계에 더 몰입하면서 증상은 심해지게 됩니다. 이렇게 착한 아이 콤플렉스는 일시적인 증상이 아니라 삶의 전반에 드러나는 문제가 될 수 있습니다. 하지만 착한 행동은 타인을 향해 배려를 보여 줄 수 있는 높은 자존감을 소유한 사람의 모습입니다.

2020년 영국 케임브리지대학교 브라이언트 후이 교수팀은 〈친절의 보상, 친사회성과 선행과 건강 사이의 연결성에 대한 메타 분석(Rewards of Kindness? A Meta-Analysis of the Link Between Prosociality and Well-Being)〉이라는 논문을 발표했습니다. 이 논문은 200편 이상의 기존 논문을 분석했고, 또 그 분석 대상은 모두 20여만 명이었습니다.

분석 결과, 뒷사람을 위해 문을 잠시 잡아 주는 행동과 같은 사소한 배려가 정신뿐만 아니라 신체적인 보상이 주어지는 것으로 나타났습니다. 특히 젊은이에게는 이타적인 행동이 정신적으로 긍정적인 영향을 미쳤고, 중년과 노년층에게는 건강에 좋다는 것으로 나타났습니다.

내 마음이 청명하면 온 세상도 청명합니다. 하지만 착한 아이 콤플렉스는 혼자가 되는 것이 두렵고, 학습화된 무기력을 온몸에 칭칭 감고 살아가는 것입니다. 버림받을 자신과 외로움이 너무 두렵고 불안해서 뇌가 몸 전체에 응급 신호를 보내는 것입니다. 온몸에 사이렌이 울리는 소리는 침착하라고 보내는 신호임에도 정신이 흔들리고 당황해서 무너지게 됩니다.

극복은 어렵고 포기는 늘 쉽습니다. 불안과 외로움과 맞닥뜨릴 때 싸울 것이냐 도망칠 것이냐를 선택하는 순간 당당하게 맞서는 첫 도전이 중요합니다. 그 도전이 쌓이고 쌓여서 의존의 틀에서 벗어날 수 있게 됩니다. 완전히 벗어나고 회복하기 위해서는 타인이 아니라 나 자신에게만 의존하고 집중해야 합니다.

삶에서 기회는 무한대로 지급되지만 그 기회를 어떻게 소모하는지는 나 자신에게 달렸습니다.

착한 아이 콤플렉스는 혼자가 되는 것이 두려운 것이고, 착한 행동은 타인을 향해 배려를 보여 줄 수 있는 높은 자존감을 소유한 사람의 모습입니다.

9. 마음을 관찰하는 결핍

> 제가 충분히 설명을 해 주려고 하면 오히려 아들은 억지를 부립니다. 왜 그러는 걸까요?

"내 눈물 씨를 발아시켜 자식에게 고이 전달해도, 어떤 꽃을 피울지는 알 길이 없습니다."

심리학 용어 중에 **'역화 효과(backfire effect)'**라는 말이 있습니다.

아무리 올바른 말을 해 줘도 오히려 반발하는 심리가 강해져서 잘못된 자신의 생각을 더 깊게 가져가는 현상을 뜻합니다. 증거나 사실을 제시해도 바뀌지 않는 반발 심리입니다. 보통 자신이 가지고 있는 생각에 맞는 증거만 받아들이려는 '선택적 수용'이 문제인 것입니다.

자신의 마음을 관찰하는 힘이 부족해서 그렇습니다.

사람의 마음 아래에는 상상도 못 할 엄청나게 거대한 뿌리가 존재합니다. 이 뿌리는 너무 무거워서 뽑기가 어렵지만, 아직 뿌리가 작아서 흔들릴 가능성도 높습니다. 특히 청소년의 경우, 자신의 뿌리가 얕다는 것을 들키지 않으려고 눈에 보이는 것에 집착을 합니다.

좌절 속에서도 무너지지 않고 무언가가 작은 수용이 일어나도록 이끌어 주는 것이 좋습니다. 자신의 생각을 꺾지 않으려는 의지가 갸륵한 것입니다. 부모의 역할은 자녀를 평가하거나 점수를 매기는 것이 아닙니다. 또 자녀와의 대화에서 부모가 완벽주의자의 모습을 가질수록 마음의 온도는 차가워집니다.

부모에게서 한두 번 차갑고 벽처럼 단단한 감정을 느끼다 보면 어느새 무기력에 시달리기도 합니다. 느닷없이 감정이 무너지고 생각이 나락으로 떨어지지 않으려고 온몸을 휘감는 반감을 드러내고 억지를 부리는 것입니다.

뻔히 알던 길도 몇 번씩 잃고 헤매기 일쑤인 것이 사람입니다.

게다가 살다 보면 얼마나 흠과 틈이 많은지, 부끄러움이 아우성치는 스스로를 어르고 달래 가며 삶을 살아가야 한다는 것을 압니다. 지금 당장은 자녀에게 보이지 않으려 해도 언젠간 그 틈 사이에 우리가 서 있을 가능성이 높습니다.

들판의 낱알처럼 부드러운 부모의 시선이 자녀에게 닿는 곳마다 사랑이 고여 흘러넘쳐야 합니다. 햇살 닮은 미소를 앞세운 채 다가가야 합니다. 토론을 하자고 다가가다 보면 나도 모르게 자녀에게서 두 걸음 물러나 있고, 대화를 하자고 다가가다 보면 얼굴이 닿을 듯 가까워져 있습니다.

'완벽'에 시선을 빼앗기면 안 됩니다. '공감과 대화'에 마음을 집중시키면 자연스레 수용과 인정을 하는 자녀의 모습을 발견할 수 있을 겁니다. 자신을 바라보고 문제를 인식하는 것은 관성과 같아서 부모가 파도의 밀물과 썰물처럼 자연스레 공감을 해 줄 때만 가능합니다.

좌절 속에서도 무너지지 않고 무언가가 작은 수용이 일어나도록 이끌어 주는 것이 좋습니다.

10. 마음이 캄캄한 어둠 속

> 사과할 줄 모르는 딸 때문에 힘들어요.

 나와 나 자신. 이 둘 사이에 마음의 그늘이 졌다면 어느 쪽이든 그늘 때문에 어두워집니다. 사과할 줄 모르는 모습은 자기 스스로의 마음이 캄캄한 어둠 속에 있기 때문에 볼 수 있는 것이 없어서 생기는 현상입니다.

 '사과(謝過)'는 부끄러워하다는 뜻의 '사'와 '돌이켜 본다'는 의미의 '과'가 합쳐진 말입니다. 즉, 자신을 되돌아보기 위해서는 먼저 부끄러워할 수 있는 '마음'이 선행되어야 하는 것입니다. 또 영어로는 'apology'입니다. 멀리 떨어지다(off)라는 뜻의 접두어 'apo'와 말(speech)을 뜻하는 'logy'가 합쳐진 단어입니다. 이 말은 상대방이 슬픔에서 떨어질 수 있도록 진심 어린 말을 해야 한다는 것입니다.

2021년 호주 플린더스대학교 마이클 웬젤(Michael Wenzel) 교수팀은 〈자신이 저지른 잘못에 대해 인정하기 싫어하는 방어적인 태도(The effects of moral/social identity threats and affirmations on psychological defensiveness following wrongdoing)〉에 대해 『영국사회심리학저널』에 논문을 발표했습니다. 이 실험에서는 187명의 참가자들에게 잘못했던 자신의 과거를 떠올리고, 그 내용에 대해 기록하게 했습니다. 그런 후에 참가자들이 자신의 잘못에 대해 어느 정도 죄책감을 느끼는지 또 타인들의 비판을 어느 정도 수용하는지, 그 잘못의 크기가 어느 정도인지 등에 대해서 대답하도록 했습니다.

실험 결과, 가족이나 타인들로부터 인정받고 있다고 느끼는 참가자일수록 과거 자신의 행동에 대해 방어적 태도를 덜 취하고, 내재된 죄책감을 느끼고 사과하고 싶은 마음도 가지는 것으로 나타났습니다. 결론적으로는, 자신의 잘못된 행동에 대해 사과할 줄 모르는 이에게 덜 방어적 태도를 갖추게 만드는 것은, 명확한 지적이나 훈계보다는 혼자가 아니라 공동체라는 의식을 전달하고, 잘못한 것보다 잘한 것에 대한 인정과 존중이 먼저 있어야 한다는 것을 보여 주었습니다.

자신을 바라볼 수 있게 만드는 힘에는 두 가지 방법이 있습니다. 하나는 벼랑 끝까지 몰아가는 방법이고, 또 하나는 잘못한 것 외에 잘한 것을 먼저 인정해 주는 일입니다. 몰아가는 것은 빠르고 강력하고 시원하지만 거칠고 위험합니다. 반대로 인정해 주는 일은 생각보다 많이 느리고 기다려 줘야 하고 함께 아파해야 하는 힘든 작업입니다.

타인과는 달리, 가족의 상처는 손가락에 박힌 조그만 가시처럼 그저 성가시기만 할 수도 있지만 비슷한 슬픔이 반복되고 강화되다 보면 참을 수 없는 고통으로 돌아오기도 합니다. 세상 한가운데 있는데도 온 세상이 아득히 멀게 느껴지면서 극도의 소외감과 외로움을 느끼게 됩니다. 마음이 온통 까맣게 물들어서 서로의 생각이 부딪히지 않도록 짜증과 분노의 댐 수위를 대폭 낮추기만 해도 리듬을 타고 부드러운 말이 흘러갈 것입니다.

사과할 줄 모르는 모습은 자기 스스로의 마음이 캄캄한 어둠 속에 있기 때문입니다.

11. 내가 그런 성격이라 그렇지 뭐

> 친구하고 인터넷에서 하는 성격 검사를 했는데요. 왜 제가 생각했던 모습하고 다르지요?

"네모, 세모, 마름모. 이 모든 것을 한 덩어리로 뭉친다고 하나가 되지는 않습니다."

약간의 끄덕임만을 허락하면 됩니다. 그 이상을 허락하거나 그 결과를 모두 껴안으시면 안 됩니다.

심리학에는 '**라벨링(labelling)**'이라는 용어가 있습니다.

마트나 백화점에 가면 옷에도 가방에도 라벨(label)이 붙어 있습니다. 즉, 가격이나 제품의 여러 정보가 들어가 있는 상표인 것입니다. 이렇게 가방이나 옷, 차나 물건들은 그 특성이 절대로 바뀔 수가 없습니다. 그대로 상표에 붙어 있는 정보대로 100% 구성된 것입니다. 그런데 사람은 다릅니다. 물건과 사람의 차이점은 멈춘 것과 멈추지 않은 것, 고인 것과 흐르는 것, 닫힌 문과 열린 하늘, 어둠과 빛, 죽어 있는 것과 살아 꿈틀대는 것의 대비만큼 다른 존재입니다.

단 하나의 성질을 가진 것은 라벨처럼 꼬리표를 붙여도 됩니다.

하지만 여러 성향과 다양한 이면을 가진 사람에게 꼬리표를 붙이는 일은 환히 불 켜진 가로수 길 위에서 눈 감고 걷는 것과 같은 것입니다. 특히 부정적인 꼬리표가 문제입니다. 상담학 용어로는 '**스티그마**(stigma)'라고 합니다. 우리말로 하면 '낙인'입니다. 불로 지진다는 뜻의 '낙(烙)'과 도장이라는 말의 '인(印)'이 합쳐진 표현입니다. 일시적으로는 이러한 낙인도 스스로에게 낮은 위로를 던지기에 편합니다. 뭔가 꼬여 버리고 힘들었던 사건이나 일이 있다면, '이런 성격이라서 그랬구나'라며 원인을 찾은 것처럼 홀가분할 수도 있습니다.

하지만 무서운 것은 시간이 지나면서 비슷한 상황에서 문제가 생기면 자신의 정해진 듯한 성격을 탓하는 버릇이 생겨 버립니다.

'내가 그런 성격이라 그렇지 뭐…….'

성격에 따라 생각하고 행동하는 것이 아니라 그 상황을 어떻게 생각하고 받아들이느냐에 따라 성격이 형성되는 것입니다. 스스로를 내향적이라고 반복적으로 생각할수록 대인 관계를 피하게 되고, 스스로를 외향적이라 생각하면 몸이 먼저 달려가 대인 관계가 늘어날 것입니다. 결국 생각과 말이 씨가 되는 것입니다. 매일 입에서 내뱉는 말과 생각이 스스로의 성격을 담는 마음 밭에 씨를 심는 반복 작업을 하는 것입니다.

오지 않은 미래가 달아나는 소리를 입에서 뱉어 내지 않도록 해야 합니다. 나 자신을 이루고 있는 신경 세포와 물질들은 언제 어디서든 빛과 희망으로 바꾸어 가며 다채롭게 변화할 수 있습니다.

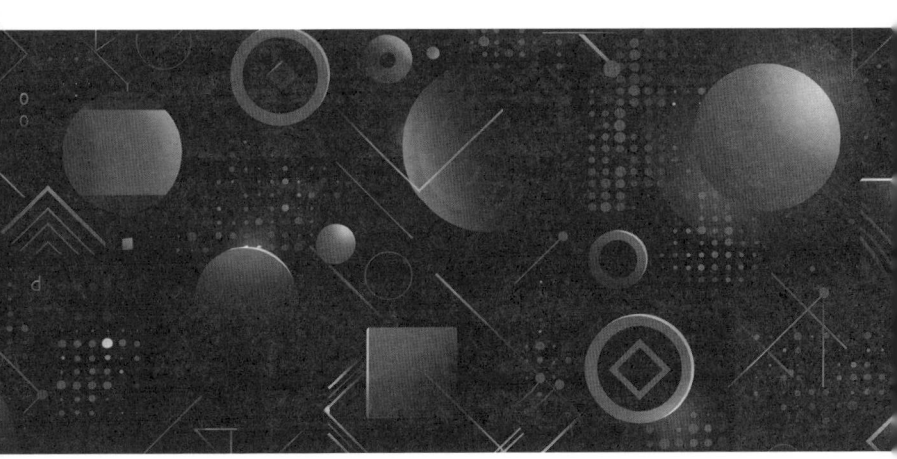

네모, 세모, 마름모. 이 모든 것을 한 덩어리로 뭉친다고 하나가 되지는 않습니다.

12. 착한 마음과 방조하는 마음 구별

> 친구들만 챙기려 하는 딸을 보면, 저처럼 도와주면서 힘들어하는 사람이 될까 걱정됩니다.

"뭐든 과한 것이 문제지 적당하다면 도와주려는 마음과 행동 그 자체는 희망입니다."

착한 마음과 방조하는 마음을 구별해야 합니다.

'착한 마음'이 과하면 자신의 감정을 무시한 채 타인에게만 맞추는 것으로 '방조하는 마음'이 됩니다. 세상에 존재하는 대상 중에 가장 존중받고 이해받아야 할 대상은 '나 자신의 마음'입니다. 이걸 무시하고 타인만 생각하는 것은 내 삶을 무시하는 것이고 방조하는 것이고 죄를 짓는 것입니다. 내 감정을 억누르면서 타인을 도와주다 보면 내 안에서 생겨나는 불안과 노력은 인정받지 못하면서 느껴지는 온갖 내적 갈등에 시달리게 됩니다.

　방조하는 마음을 품게 되면, 기억은 언제나 사막에서부터 시작됩니다. 끝없이 허물어지고 도달할 수 없는 미지의 지평선 위에 서 있게 됩니다. 고독 속의 고독, 외로움 끝의 외로움, 나 자신의 좌표를 더듬거리며 생각과 마음 사막 한가운데 서게 되는 것입니다. 말할 수 없는 위도와 표현할 수 없는 경도 사이에 서서 끊임없이 떠내려가고 미끄러져 가면서 울기만 하는 스스로를 탓하게 됩니다. 하지만 착한 마음은 눈빛과 눈빛 사이의 간절함을 이해하는 마음입니다.

　2021년 미국 오하이오주립대학교 심리학과 볼드윈 웨이 교수팀은 〈타인을 도와주는 생각만으로도 염증 수치가 낮아진다.(Giving social support to others may boost your health.)〉라는 논문을 『뇌 행동 및 면역학회지』에 발표했습니다.

이 논문에서는 34세에서 84세까지 1,054명이 넘는 참가자들을 대상으로 가족과 친구 등에게 도움을 제공할 수 있는지에 대한 설문 조사를 하면서 염증 수치를 측정했습니다.

연구 결과, 타인을 도우겠다고 응답을 하는 참가자일수록 보람이 있고 스트레스가 줄어들어서 만성 염증 수치를 척도로 했을 때 염증이 낮은 것으로 나타났습니다. '사랑은 받는 게 아니라 주는 것이다'라는 속담처럼 '도움(help)'이라는 인지적 개념이 긍정적인 감정을 형성하고 이 감정은 스트레스를 줄여 주는 부교감 신경이 작동하면서 신체적 염증이 줄어드는 선순환으로 이어지는 것으로 나타났습니다.

앓고 있는 사람이 자기 자신이 되지 않도록 양육하시면 됩니다.

여섯 줄 또는 열두 줄의 현악기를 튕기듯, 나의 생각과 타인의 마음 위에 행동의 손가락을 올리고 노래를 부르는 것이 '도와주는 것'이고, 건강한 '착한 마음'인 것입니다. 나를 무시하면서 타인을 도와주는 것은 타오르면서 스러지는 불꽃과 다르지 않습니다. 벽과 벽 사이의 불화가 되지 않으면 되는 것입니다.

끝없이 열리는 생각 속에서 끝없이 열리는 마음을 듣다 보면 자연스레 도와주고 싶은 행동으로 이어지는 것입니다. 너무 걱정하지 않으셔도 됩니다. 자녀에게 물려줄 수 있는 가장 위대한 것을 전수하는 것입니다. 단지 자신의 마음을 무시하지만 않으면 됩니다.

도와주려는 마음과 행동 그 자체는 희망입니다.

13. 시간을 지연시켜 올바른 결정으로

> 저는 너무 충동적으로 선택하는 것 같아요. 뭘 고르는 데도 생각 없이 사거나 고르는 경우가 많은 것 같아요.

"생각도 직선보다 곡선이 지혜롭습니다."

선택에 도달하는 것은 경주가 아닙니다.

선택할 때는 시소를 타는 것이 중요합니다. 솟아오르는 일과 가라앉는 일의 깊이를 알아야 하기 때문입니다. 결국 내 생각을 드러내는 것과 누르는 일이기 때문에 더더욱 시간과 여유를 가지고, 생각 서랍장을 모두 열어 보는 연습을 해야 합니다. 이쪽 생각의 숲에서 저쪽 생각의 숲까지 가는 길을 배우는 것입니다.

선택하기 위해서 뜸을 들이는 그 시간은 축복입니다.

어느 선택에 도달하더라도 가슴에 흐르는 한 줄기 시간을 맛봐야 합니다. 너무 빠르게 결정하는 것은 잠든 생각의 불규칙한 숨결 소리를 삼키는 것과 같습니다. 까닭을 알 수 없는 결정은 생각 없음이 만들어 낸 의미 없음의 빛깔인 것입니다. 덧없는 선택의 시간이 되풀이되는 것은 아무 뜻 없이 행동하는 몸짓의 까마득한 시간이 쌓이는 것입니다.

2014년 미국 컬럼비아대학교 뇌 과학과 토비아스 타이처트(Tobias Teichert) 교수팀은 〈인간은 의사 결정 시작을 지연시켜 의사 결정을 최적화한다.(Humans Optimize Decision-Making by Delaying Decision Onset.)〉라는 논문을 발표했습니다. 이 논문에서는 참가자를 모집해서 두 가지 실험을 실시했습니다.

첫 번째는 컴퓨터 화면에서 자유자재로 움직이는 점의 방향을 예상하게 했습니다. 두 번째는 첫 번째와 같은 실험이지만 마우스를 클릭하면 소리를 듣게 해서 화면을 보는 것과 방향을 예측하는 판단할 때 미세한 시간 차이를 두었습니다.

연구 결과, 두 번째 소리의 간격을 듣고 결정을 했던 참가자들이 방향 예측이 더 정확한 것으로 나타났습니다. 이러한 결과는 10분의 1초라도 짧지만 시간을 지연시키는 것으로도 올바른 예측을 할 수 있다는 증거입니다. 즉 어떤 상황에서 무슨 결정을 하더라도 지혜롭게 선택하기 위해서는 당장 결정을 하지 말고 시간을 지연시켜서 올바른 결정을 할 수 있도록 스스로를 상황과 분리하도록 해야 합니다.

무엇이든 서둘러 결정한다고 해서 좋을 것 하나도 없습니다.

세상의 모든 것은 낯선 존재들입니다. 날마다 작고 작은 낯선 결정부터 연습해야 합니다. 몸 안에 여유가 흘러넘쳐야 합니다. 시간의 간격이 생명입니다. 숨이 막히고 답답하더라도 시간과 시간 사이의 간격에 생각을 쏟아 내면 오히려 가벼워지고 마음에 평온이 찾아옵니다. 상황을 보고 듣고 가슴 떨리는 여운을 음미하면서 충동적인 선택의 갈등 사슬에서 벗어나는 훈련을 해야 합니다.

선택하기 위해서 뜸을 들이는 그 시간은 축복입니다.

습관은 인간의 삶에 있어 가장 높은
판사와도 같다.
그러니 반드시 좋은 습관을
기르도록 노력하라.

- 프랜시스 베이컨 -

3장

스트레스는
충동적인 행동을 유발합니다.

1. 벽에 주먹을 치는 행동들도 자해

> 중학생 아들이 답답하거나 스트레스 받으면 팔을 긁어서 피가 나는데요. 이런 것도 자해에 해당하는 건가요?

"사실, 머리카락을 뜯거나 벽에 주먹을 치는 행동들도 일종의 자해에 해당합니다."

스스로 납득하지 못하는 마음은 충동적인 행동을 유발합니다.

삶에서 이해되지 않는 기막힌 일들이 많이 일어납니다. 누군가를 헐뜯고 미워하지도 않았는데 느닷없이 가슴팍을 망치로 때리는 듯한 아픔을 주는 이들이 넘쳐 나기도 합니다. 이럴 때 불안하고 고통스러운 감각이 온 마음을 휘감을 때, 무의식적으로 스스로를 자해하면서 '모든 아픔과 고통이 밖으로 나가 버릴 거다'라고 착각하기도 합니다.

생리적인 측면에서 보면, 머리카락을 뽑거나 손목이나 팔을 긁으면 뇌에서 마약성 진통제 같은 비슷한 호르몬이 분비됩니다. 이때 일시적으로 강렬하게 쾌감까지 느낍니다. 이러다 보니 심한 정신적인 스트레스나 우울감이 갑자기 생기면 본능적으로 다양한 형태의 자해를 통해 일시적인 해소를 하는 경우가 많습니다.

어린아이들은 손톱이나 머리카락을 뜯으면서, 사춘기 아이들은 자해를 하면서, 청년기나 중년기에는 비자발적 자살 시도까지 합니다. 어린 시기에 손톱이나 머리카락을 뜯는 행동들은 생각보다 흔하게 일어나는 것이지만, 불편한 마음을 지우고 감정의 파도가 치더라도 조절할 수 없는 상황이 지속되면, 충동적인 감정의 밀물과 썰물에 휩쓸려 되돌릴 수 없는 행동으로 발전하기도 합니다.

오감을 통해 신체를 인식하도록 도와주셔야 합니다. 놀랍게도 스트레스가 쌓이면 쌓일수록 생각이 많아지고, 생각이 많아지면 머리가 무거워져서 몸은 움직일 수 없을 정도로 고장 나 버립니다. 몸이 움직이지 않을수록 뇌는 빠른 속도로 위축되고, 어느새 오감을 잃어버리게 됩니다. 밥맛도 없어지고(미각), 주변에 새소리나 바람 소리도 듣지 못하고(청각), 계절마다 피는 꽃향기에도 무뎌지고(후각), 잠을 많이 자고 낮밤이 바뀌면서 시각적 다양성이 단순화되고(시각), 앉아 있거나 누워 있는 시간이 늘어나면서 몸도 촉감을 잃어버리게 됩니다.

친구와 전화 통화를 하면서 지지와 응원도 받아야 합니다. 겨울이라고 문을 닫아 두는 것이 아니라 바람을 느끼려 밖으로 발걸음을 옮겨야 합니다. 즐거웠던 과거의 사진들을 보며 머리에 맑은 생각을 주입해서 어두웠던 생각을 환기시켜야 합니다.

자신의 감각에 집중할 수 있는 방법을 찾아보는 시간을 가지도록 도와주면 좋습니다. 음악을 듣거나 그림을 그리거나, 좋은 향수를 시향하거나 적당한 군것질을 하는 것도 좋습니다. 하지만 가장 추천 드리는 방법은 바로 '책 읽기와 글쓰기'입니다. 충동적인 삶의 걸음을 잡으려면 책을 펴서 들고 읽기만 하면 됩니다, 글자들마다 아무런 경계 없이 다가와 포근히 안아 줄 겁니다. 그리고 속삭여 줄 겁니다.

'괜찮아. 괜찮아! 충분히, 지금까지 잘 견뎠으니 조금만 더 걸어가 보자!'

벽에 주먹을 치는 행동들도 자해에 해당합니다.

2. 스마트폰은 발암 물질로 분류

> 아들이 갑자기 예민해진 것 같은데요. 스마트폰 때문일까요?

"네. 스마트폰 때문일 가능성이 있습니다."

선택이냐 필수냐 그것이 문제입니다. 많은 분들이 스마트폰이 필수라고 말하지만, 자녀는 그렇지 않습니다. 사회적, 직업적으로 필수인 경우에는 뭐라고 드릴 말이 없지만, 이렇게 스마트폰을 손에서 놓지 못하는 직업을 제외하고는 모든 사람에게는 필수가 아니라 선택입니다. 즉, 조절력과 의존성의 문제입니다.

스마트폰은 발암 물질로 분류되어 있습니다. 벌써 10년 전입니다. 2011년 5월에 세계보건기구에서 스마트폰은 사용자에게 뇌종양을 일으킬 수 있는 위험성을 높인다고 발표했습니다. 휴대전화에서 방출되는 무선 주파수 전자기파가 문제입니다. 또, 가장 큰 문제는 바로 작은 6인치 화면에 있습니다. 편의성과 용이성 때문에 작은 화면에 익숙해지면, 넓은 세상에 적응하는 것이 어렵게 됩니다.

2021년 헝가리 외트뵈시로란드대학교 아담 미클로시(Adam Miklosi) 교수팀은 〈스마트폰 사용이 아이들의 사고 행동 방식에 미치는 영향(Mobile use induces local attentional precedence and is associated with limited socio-cognitive skills in preschoolers)〉이라는 논문을 『컴퓨터와 인간행동학회지』에 발표했습니다. 이 논문은 40명의 아이들을 대상으로 실험을 진행했습니다. 20명은 스마트 기기를 사용해 본 적이 없는 아이들이고, 나머지 20명은 하루 평균 15분 정도를 1년 이상 사용한 아이들이었습니다. 아이들에게 별, 태양, 눈사람 모양 중 큰 모양과 작은 모양에 따라 버튼을 누르는 검사를 진행했습니다.

실험 결과, 습관적으로 스마트폰을 사용하는 아이들은 예민한 부분을 먼저 처리하고, 작은 모양에 더 빨리 반응했습니다. 즉, 스마트폰을 자주 사용하는 아이들은 뇌 회로 연결이 재설정(rewiring)되어서 생각과 행동하는 방식이 다른 결과를 보이는 것입니다. 작은 스크린을 보는 것에 익숙해진다는 것은 큰 개념을 인지하는 데 어려움을 보인다는 말과 같습니다. 상황을 파악하기보다는 특정한 것에 집착하거나 예민해질 수 있다는 것입니다.

쾌감을 느끼면 뇌에서 '도파민' 호르몬이 나옵니다. 처음 나오는 도파민은 괜찮지만, 반복해서 도파민이 분비되다 보면 내성이 생겨 시간을 오래 보내고 자극도 점점 강해져야 비슷한 도파민이 나오게 되면서 중독에 빠지는 것입니다. 스마트폰 중독은 아무 이유 없이 스마트폰을 바라보며 시간을 보내는 것이고, 더 강한 자극을 받을 수 있는 내용을 찾아 검색을 하는 것입니다.

스마트폰에 자발적 중독이 되지 않기 위해서라도 자녀와 깊은 대화를 쌓아 갈 수 있어야 합니다. 쉽고, 빠르고, 화려한 영상과 상상 가득한 스마트폰이 좋기로는 좋을 것입니다. 하지만 현실보다 비현실적인 가상 공간에 머무는 시간을 줄이고, 현실적 감각이 자녀의 머리와 온몸에 고스란히 배일 수 있도록 도와주면 좋겠습니다.

그러려면 우리 부모부터 불필요하게 스마트폰을 사용하는 시간을 줄여야 합니다. 스마트폰을 내려놓고 책을 집어 든다면, 얼어 있던 마음도 푸근하게 녹아내릴 겁니다.

스마트폰은 발암 물질로 분류되어 있습니다.

3. 스마트폰 사용 시간을 과하게 요구

> 애가 스마트폰 사용 시간을 너무 과하게 요구해요. 도대체 어디까지 허용해야 하는 걸까요?

수많은 논문의 연구 결과, 스마트폰이나 태블릿, 컴퓨터 등에 노출된 아이들의 뇌 기능 발달이 점점 더 늦어지는 것으로 밝혀지고 있습니다. 태어나서 3살이 될 때까지는 뇌의 기본 골격과 기본 신경회로가 만들어지는 시기라서, 절대로 단 1분도 스마트폰을 보여 주지 않아야 합니다. 그 대신에 신체 자극 놀이를 통해서 오감을 자극해야 합니다.

그리고 15세가 되면, 뇌 발달상 이마에 해당하는 부위로 전두엽 영역이 발달됩니다. 쉽게 말하면, 옳고 그름을 본인이 직접 판단할 수 있게 됩니다. 또 도덕적인 윤리의식도 만들어지는 시기라서 뇌 과학의 입장에서는 15세가 되어서 스마트폰을 사용하도록 허락하는 것이 맞습니다. 하지만 초등학생에게 스마트폰을 사용하도록 허락하면 많은 경우 '후회'만 하게 됩니다. 거의 스마트폰 중독의 과정에 빠지기 때문입니다. 스마트폰 중독에 빠지는 4단계를 살펴보겠습니다.

1단계는 '이득 단계(winning phase)'라고 합니다. 이 단계는 호기심에 시작한 스마트폰 검색과 자극적인 동영상을 보면 뇌는 큰 쾌락을 느끼면서 스마트폰에 빠지는 것입니다. 생리적으로 심심하거나 스트레스 받는 상황에서 벗어나 즐거움을 느낄 수 있기 때문에 생리적인 이득을 갖는 단계입니다.

2단계는 '점진적 손해 단계(progressive-loss phase)'입니다. 이 단계는 점점 통제하기 힘들고 계속해서 스마트폰을 사용할 때 즐거웠던 생각을 반복하게 됩니다. 1단계 이득 단계를 생각하면서 현실에 집중을 못 하고 비현실적이고 허무하게 시간을 보내는 단계입니다. 이 단계에서 점진적으로 학업 성적이 떨어지게 됩니다.

3단계는 '절박의 단계(desperate phase)'입니다. 이 단계는 일상생활을 하면서 느끼는 정서와 생각하는 수준을 넘어서 통제 불가능한 상태를 말합니다. 일어나서도, 밥을 먹으면서도, 걸어가면서도, 버스나 지하철로 이동하면서도, 학업이나 학습을 진행하면서도, 잠을 잘 시간에도 스마트폰을 사용하고 싶은 마음을 품게 됩니다.

4단계는 '절망의 단계(hopeless phase)'입니다. 스마트폰 중독으로 가족관계, 친구들과의 관계, 학교생활과 학업 상태가 무너지고 절망에 빠지는 단계입니다. 도저히 극복할 수 없을 것 같아서 막막함에 모든 것을 포기하는 상태입니다. 그렇기에 스마트폰은 늦게 사 주면 사 줄수록 자녀의 뇌와 성장 발달에 도움이 됩니다.

온몸에 천둥번개가 치고, 머릿속에서 비바람 거센 날이라도 눈앞에 아이가 배고파하면 꼭 끌어안고 젖 물리게 됩니다. 그게 모성입니다. 죽어도 죽을 수 없는 것이 모성입니다. 하지만 자녀에게 스마트폰만큼은 절대로 일찍 가르치거나 사 주지 않는 것이 정답입니다. 그럼에도 불구하고 줄 수밖에 없다면, 같이 영화를 보거나 함께 활동을 하면서 혼자 스마트폰을 사용하지 않도록 하는 것이 좋습니다.

스마트폰이나 태블릿, 컴퓨터 등에 노출이 된 아이들의 뇌 기능 발달이 점점 더 늦어지는 것으로 밝혀지고 있습니다.

4. 스마트폰은 모든 것에 도움이

> 스마트폰이 학습에 안 좋은 영향을 미칠까요?

"네. 스마트폰은 학습에도 정서에도 모든 것에 도움이 되지 않습니다."

믿고 기다리면 술을 금주하고 담배를 금연할 거라 생각하지 않는 것처럼, 스마트폰 사용에 대해서도 자녀를 믿으면 안 됩니다. 또 술과 담배에 재능이 있다고 하지 않는 것처럼, 스마트폰에 재능이 있다는 말은 잘못된 생각입니다. 제일 좋은 것은 스마트폰을 법적 아동기인 만 18세까지 손에 쥐게 하지 않는 것이 가장 좋습니다.

술과 담배처럼 부모에게는 단호한 기준이 있어야 합

니다. 부모와 자녀가 기 싸움을 해야 하는 경기나 게임이 절대로 아닙니다. 스스로 스마트폰을 조절하고 줄일 수 있는 자녀는 본인의 의지보다는 부모의 단호함과 집 안에서의 대화가 양적으로나 질적으로나 풍부하다는 것을 증명하는 것입니다.

특히, 어리면 어릴수록 부모의 권위로 스마트폰 사용을 최대한 늦춰야 합니다. 모두가 다 사용한다는 착각으로 '우리 아이도 괜찮겠지.'라는 생각 때문에 삶의 끝자락을 맛보고 상담 센터를 찾는 가정이 수없이 많습니다.
자녀의 가슴에 난 구멍을 메워 주는 것은 스마트폰이 아니라 부모의 눈 맞춤과 대화여야 합니다.

2019년 궬프대학교 제스 헤인즈 교수팀은 〈자녀의 시청 시간과 관련된 부모의 미디어 양육 관행: 횡단연구(Mothers' and fathers' media parenting practices associated with young children's screen-time: a cross-sectional study)〉라는 논문을 발표했습니다.

연구 결과, 스마트폰 사용으로 앉아 있는 습관 때문에 비만 위험을 높이고 친구들과의 관계가 나빠지고 학업 성취는 더디게 만드는 것으로 나타났습니다.

'우리 아이는 스마트폰을 사용하지 않아요.'라는 말이 기적처럼 들리지 않으면 좋겠습니다. 목표를 세워 놓고 사다리 오르듯 한 칸씩 한 칸씩 올라가면 됩니다. 시간도 줄여 보고, 가족 모두가 저녁 9시가 되면, 스마트폰을 끄기로 약속하고 실행에 옮기면 됩니다. 자녀의 삶이 알차게 경작되는 것은 부모의 권위와 결단이 하는 일이기도 합니다.

자녀가 품 안에 있을 때까지는 '네 삶이니 네가 알아서 하라'는 식의 체념과 단념은 안 됩니다. 자녀에게 돈을 물려주는 것이 아니라 복잡한 마음을 물려주지 않는 것이 더 중요합니다.

스마트폰은 학습에도 정서에도 모든 것에 도움이 되지 않습니다.

5. ASMR에 쾌감을 느낄수록 예민함

> 첫째는 괜찮은데요. 둘째가 너무 소리에 집착합니다. 슬라임 소리나 유튜브를 통해 이상한 소리 나는 영상을 너무 반복해서 듣는데요. 이것도 무슨 문제가 있을까요?

"소리에 예민한 것은 양날의 검과 같습니다."

소리에 민감한 사람들은 음악에 뛰어나고, 다양한 소리를 섬세하게 느낄 수 있습니다. 반대로 그냥 무시해 버릴 수 있는 소리에도 놀라거나 충격을 받을 수도 있고, 예민하게 반응하면서 몸이 아플 수도 있습니다. 청각이라는 특정 감각이 예민하면 전반적인 감각에 대해 예민한 성격으로 퍼져 나갈 가능성이 있습니다.

이런 반응을 '**자율 감각 쾌락 반응**(autonomous sensory meridian response)'이라고 합니다. 청각을 중심

으로 시각, 촉각, 후각, 인지적 자극에 반응하면서 표현하기 어려울 정도의 심리적 안정감이나 쾌감을 느끼는 감각적 경험을 말합니다. 사각사각 글 쓰는 소리, 쫙쫙 슬라임 소리, 찌익 종이 찢는 소리 등 이런 소리들을 들으며 쾌감을 느끼는 것입니다.

빗소리, 파도 소리, 바람 소리를 듣고 있으면 안정감을 가져다줍니다. 자연에서 들리는 백색 소음(white noise)은 심리적 안정감을 주지만, 기계적인 소리에서 나오는 백색소음에 집착하는 것은 섬세함과 안정감을 넘어서서 예민하게 만듭니다.

2022년 영국 에식스대학교 심리학과 줄리아 포에리오(Giulia Poerio) 교수팀은 〈ASMR에 짜릿한 쾌감을 느낄수록 예민한 사람일 가능성이 높다.(The awesome as well as the awful: Heightened sensory sensitivity predicts the presence and intensity of Autonomous Sensory Meridian Response.)〉라는 논문을 『성격연구학

회지』에 발표했습니다. 이 논문에서는 500명의 참가자들을 대상으로 ASMR에 대한 경험을 평가한 후, 참가자들의 감각 예민성을 측정했습니다.

연구 결과, 참가자들 중 일부는 ASMR을 들을 때, 척추를 따라 찌릿한 느낌을 받았고, 주변 환경과 느낌에 더 예민한 것으로 밝혀졌습니다. 이 참가자들은 소음과 움직임에 예민하게 반응하며 과도하게 자극을 받는 것으로 나타났습니다.

'민감'과 '예민'은 다릅니다.

민감한 것은 감각적으로 잘 읽어 내는 특성을 말하지만, 예민한 것은 부정적으로 느끼는 방식을 말합니다. '민감(敏感)'의 '민(敏)'은 분명하고 자세하다는 뜻이고, '감(感)'은 마음이 움직인다는 말입니다. 즉, 분명하고 자세하게 마음이 움직이는 것이 '민감'입니다. '예민(銳敏)'의 '예(銳)'는 날카롭게 한다는 뜻이고, '민(敏)'은

애써 일한다는 말입니다. 즉, '애를 써서 날카롭게 하다'는 뜻입니다.

민감성은 나에게 방향을 맞추고 있지만, 예민성은 상대에게만 생각이 가 있는 것을 말합니다.

민감성을 가지는 것은 '공감 능력'과 관련이 있어서, 자신의 마음뿐만 아니라 타인의 마음을 읽어 내는 능력을 가지는 것이지만, 예민성은 상대방의 문제점에만 집착하기 때문에 마음을 읽는 능력이 떨어져서 자신의 감정은 차가워지게 됩니다.

특정한 소리에 집착하지 않도록 하는 가장 좋은 방법은 대화를 통해 부드러운 가족의 목소리로 예민함이 깎이고 다듬어질 수 있게 도와주는 것입니다.

소리에 예민한 것은 양날의 검과 같습니다.

6. 랩 음악이든 록 음악이든

> 아들이 같은 음악(랩)을 계속 듣는데요. 이런 것에도 어떤 심리가 있는 건가요?

"음악이 심리치료에도 좋지만, 자연스럽게 안정감을 주기 때문에 반복해서 듣기도 합니다."

직선이 가득한 세상보다 곡선으로 가득한 음악이 마음에 더 깊은 위로를 건네는 건 맞습니다. 음악에는 소리가 존재합니다. 소리는 파동과 진동의 옷을 입고 가만히 다가와 말없이 눈물도 닦아 주고, 손수건도 건넵니다. 복잡했던 생각을 뚫고 들어와 아무 걱정 없게 만들어 버리는 마법까지 부립니다. 순식간에 무거운 마음을 달래서 투명하고 가볍게 만들어 주는 것이 바로 음악의 힘입니다.

파도와 강물에는 높고 낮은 움직임의 반복이 있고, 부드러운 언어에도 장단의 흐름이 있습니다. 이처럼 음악에는 팍팍해진 마음과 신경을 두드리고 토닥여서 비우고 다시 채울 수 있는 공간을 만드는 리듬이 있습니다.

2018년 미국 미시간주립대학교 제이슨 코레이(Jason Corey) 교수팀은 〈몇 번이고 되풀이해서 듣기: 좋아하는 노래 그리고 계속 듣고 싶어 하는 노래(Extreme re-listening: Songs people love..and continue to love)〉라는 논문을 『음악심리학회지』에 발표했습니다. 이 논문에는 204명의 참가자들을 대상으로 설문 연구를 진행했습니다.

참가자 86%가 자신이 좋아하는 음악을 듣고, 절반 이상은 매일 듣고 있다고 답했습니다. 심지어 60%의 참가자는 눈을 감고 음악에 집중하면서 같은 노래만 반복해서 들을 때가 있다고 답했습니다.

가장 선호하는 음악은 비트와 리듬에 맞춰 손뼉을 치면서 발을 구를 수 있는 신나고 에너지가 넘치는 음악이었습니다. 이런 음악을 반복해서 듣는 심리적 이유는 바로 '친근함과 공감'이었습니다. 심장 박동과 호흡이 빨라지는 생리학적인 반응을 일으키는 음악은 감정을 최고조로 이르게 하고, 전율을 일으키기 때문에 슬펐던 감정과 괴로운 감정을 승화시키는 효과가 있습니다. 심지어 눈물을 촉발해서 카타르시스를 느끼면서 억압된 감정이 분출되게 하기도 합니다.

2020년 미국 노스캐롤라이나대학교 알렉스 크레소비치 교수팀은 〈대중 랩 음악에서 정신 건강 담론의 내용 분석(A Content Analysis of Mental Health Discourse in Popular Rap Music)〉이라는 논문을 발표했습니다. 이 논문에서는 지난 20년 동안 랩 음악에서 사용된 가사를 분석했습니다.

랩 음악에는 자살을 예방하고 정신건강과 관련된 대

화를 여는 데 앞장선다고 밝혔습니다. 심지어 래퍼들이 우울증에 대한 질환을 공개하면서 정신건강 문제를 정상화하고 치료를 받을 것에 대해 권유하고 있어서 부정적인 영향보다는 긍정적인 영향이 크다고 밝혔습니다.

자녀가 적당한 경계에 서서 스스로를 컨트롤하기만 한다면, 랩 음악이든 록 음악이든 반복해서 듣든 많이 듣든 상관없습니다. 무엇보다 부모의 언어가 자녀에게 음악과 같으면 좋겠습니다.

순식간에 무거운 마음을 달래서 투명하고 가볍게 만들어 주는 것이 바로 음악의 힘입니다.

7. 나만의 발작 버튼을 인식하기

> 저는 한번 스트레스가 생기면 조절이 안 돼서 어쩔 줄 모르고 감당이 안 됩니다. 이 스트레스를 가족에게 풀어요.

"요즘 유행하는 용어가 있습니다. 바로 **발작 버튼(seizure button)**입니다. 이 발작 버튼은 모든 사람이 가지고 있습니다. 하지만 조절하는 방법이 필요합니다."

나만의 '발작 버튼'이 무엇인지 알아볼 필요가 있습니다.

역린이라고도 하고, 아킬레스건, 콤플렉스라고도 부르는 이러한 용어들은 전부 한 사람의 약점을 부르는 말입니다. 이러한 표현들은 전부 신체적으로나 심리적인 스트레스, 불안과 분노를 일으키는 '기폭제(trigger)' 역할을 합니다. 누군가 나의 발작 버튼을 눌렀을 때,

스트레스를 느끼는 것은 충분히 자연스러운 일입니다.

스트레스라는 감정은 누구에게나 일어나는 정상적인 감정이라는 것을 인정해야 합니다. 반대로 스트레스를 느끼는 것과 스트레스를 표출하는 방식은 전혀 다른 것으로 인식해야 합니다. 하지만 스트레스를 느끼지 않아야 한다는 식의 생각은 스스로의 자연스러운 감정을 억압하면서 오히려 더 큰 스트레스를 형성하게 만드는 악순환에 빠집니다.

'트리거(trigger)'는 총의 방아쇠를 말합니다.

우리 속담에 '자라 보고 놀란 가슴 솥뚜껑 보고 놀란다'라는 말이 있습니다. 이전에 한번 스트레스를 줬던 상황이나 대상이 있으면, 나중에 비슷한 자극에도 똑같이 소스라치게 고통을 유발하는 '방아쇠' 역할을 하는 것이 무엇인지 살펴봐야 합니다. 과거에 겪었던 비슷한 경험이 겹쳐지며 올라오는 스트레스인지 아니면

순수하게 현재의 상황에서 받는 스트레스인지를 구별해야 합니다. 이 둘을 구별하게 되면 현재의 스트레스를 조절하는 데 도움이 됩니다.

발작 버튼에서 '발작'은 영어로 'seizure'입니다.
이 단어는 '사로잡히다(seize)'라는 단어에서 온 말입니다. 프랑스어인 'saisir'라는 말에서 왔습니다. '손아귀에 넣다(take possession of)'라는 뜻입니다. 저주와 같은 어두운 힘에 사로잡혀서 생기는 문제를 의미합니다. 또한, 발작(發作)의 '발'은 '일어나다, 드러나다, 빠른 발 모양'의 뜻을 가지고 있고, '작'은 '저주'라는 의미를 가지고 있습니다. 즉, '저주가 빠른 발 모양을 가지고 몸에서 드러나다'라는 의미를 가지는 것입니다.

이렇게 영어의 뜻으로 보든 한자의 의미로 보든, 나의 감정을 잃어버리고 그 자리에 외부에서 들어오는 자극을 무분별하게 받아들여서 내 마음을 차지하게 만드는 것이 문제입니다. 심리학에서는 **'자아경계(ego** boundary)'라는 용어가 있습니다. 아무리 많은 사람들과 대인 관계를 맺으면서 살아가더라도 자아 경계가 확실한 사람일수록 사람은 자신의 생각과 마음을 잃어버리지 않고, 외부에서 들어오는 어떠한 자극에도 흔들리지 않으며, 그 영향을 최소화할 수 있습니다.

살면서 가장 비논리적인 일 중 하나가 바로 '엉뚱한 사람에게 스트레스 풀기'입니다. 가족과 함께 스트레스를 풀 수는 있지만, 가족이 스트레스를 받아 주는 샌드백이나 감정 쓰레기통은 아닙니다. 자아경계도 분명하게 하시고, 또 과거의 문제 때문에 올라오는 스트레스인지 구별하시면서 현재의 화를 조절하실 수 있으면 좋겠습니다.

나만의 '발작 버튼'이 무엇인지 알아볼 필요가 있습니다.

8. 어두움을 두려워하는 이유는 시각적 차단

> 유독 불을 끄면 소리를 지르고 짜증 내는 아이는 어떻게 해야 하나요?

"물이 흘러가는 걸음을 잴 수 없듯이 생각이나 감정의 걸음도 측정하기가 어렵습니다."

불을 끄면, 눈에 보이는 대상이 사라집니다.
그 자리에 그대로 있던 대상이 눈에 보이지 않으면, 그 순간 시각적으로 혼동이 생깁니다. 혼동을 가로막기 위해서 그 대상을 상상으로 존재하는 것처럼 머릿속에 떠올리며 유지합니다. 이것을 심리학에서는 **'대상영속성(object permanence)'**이라고 합니다. 현실에 존재하는 물체가 어떤 것에 가려져 보이지 않아도 사라지지 않고 지속적으로 존재한다는 사실을 아는 능력을 말합니다.

어른들은 '대상 영속성'의 인지 능력이 높지만, 아이들은 뇌가 형성되는 과정에 있기 때문에 밝은 환경에서 어두운 환경으로 바뀌었을 때, 엇갈린 시각적 정보와 확인하지 못하는 공간에 대한 대상 인식을 상상으로라도 그릴 수 있는 대상으로 채우려는 본능을 가지게 되는 것입니다.

버지니아공과대학교 아동 연구 센터(Center upon clinical child and adolescent psychology)의 토머스 올렌딕(Thomas Ollendic) 교수의 지난 40년 간 진행된 연구에 따르면, 72%가 어둠에 대한 두려움을 가지고 있는 것으로 나타났습니다.

특히, 어른보다 아동이 어둠을 무서워하는 이유는 '풍부한 상상력' 때문인 것으로 나타났습니다. 현실보다 비현실에 대한 구별 능력이 부족하고, 어두움이나 그림자와 같은 상황과 대상에 대해서 현실에 없는 '괴물, 귀신과 같은 추상적인 존재'와 순식간에 연결하는 본능이 강한 것이 이유로 드러났습니다.

연구 결과, 3살에서 5살까지는 그림자와 낯선 소리를 괴물과 연결했고, 6살에서 8살까지는 부모와 분리되는 상황에서 무서운 대상을 떠올렸고, 9살에서 13살까지는 사건 사고나 친구들에게 들은 무서운 이야기에 무서운 대상을 연결하는 것으로 나타났습니다.

어린아이들이 존재한다고 믿는 '귀신, 괴물'에 대해서 존재하지 않는 사실을 알려 주기만 해도 아이들은 '이해력'이 높아지고, 이해하는 그 순간 공포심과 무서운 심리는 즉시 끝이 납니다. 가짜와 진짜를 구분하는 능력은 어른이 되었을 때, '불안증'과도 깊은 관련이 있습니다. 작은 실수와 실패에 대한 생각이 먼 미래로 달려가 상상의 불안을 형성하고, 2차, 3차 고통을 만들어 내면서 불필요한 가상이 공포를 느끼는 문제를 가지게 하는 것입니다.

두려움이라는 감정은 '현실에 없는 생각'이 만들어 내는 현상입니다.

낯선 그림자가 구름처럼 몰려와서 주변이 사라지면 불안을 느끼는 접촉의 크기는 측정되지 않을 정도로 커지게 됩니다. '설명'과 '언어'는 아이들에게나 어른에게나 가장 강력한 힘이 됩니다. '사실'을 설명하고, 구체적인 언어를 자주 사용하다 보면, 아이의 마음에 있던 두려움도 사라지는 눈사람처럼 녹아내릴 것입니다.

두려움이라는 감정은 '현실에 없는 생각'이 만들어 내는 현상입니다.

9. 경계선에서 줄타기하듯

> 아직 초등학교 2학년인데요. 〈꼬꼬무〉를 너무 자주 봐요. 문제는 쇼핑할 때나 길거리를 걷다가 갑자기 누가 총을 쏠 수 있다고 하고, 건물이 무너질 수 있다고 하는데, 이 프로그램을 계속 봐도 될까요?

귀뚜라미가 울면 가을입니다.

손톱만 한 이 작은 곤충이 계절을 결정할 수 있는 힘. 그 힘처럼 아이들의 눈에는 찰나의 장면과 사소한 사건들도 큰 영향을 미칠 수 있습니다. 아무런 전조도 없이 시작되는 일은 없습니다. 특히 아이들은 상황을 통제할 수 있는 힘이 부족합니다. 모든 감각이 발달되지 않았기 때문에 너무 무섭거나 고통스러운 내용이 포함된 프로그램이나 영화를 보지 않도록 부모로서 통제를 시켜 줘야 합니다.

툭 하고 눈으로 들어오는 불안은 아이들의 마음을 검게 채색하고 느닷없이 두려움을 형성해서 속울음을 유발합니다. 두려움이라는 큰 글자가 머릿속에 자리를 틀면, 봄은 무응답이고 혹독한 겨울만 응답을 하게 됩니다. 어려서 새겨진 두려움의 글자는 어른이 되어서 대인 관계에도 큰 영향을 미치게 됩니다.

2021년 12월 미국 플로리다대학교 앤소니 딕 교수팀은 〈신경 취약성 및 허리케인 관련 매체는 청소년의 외상 후 스트레스와 관련 있다.(Neural vulnerability and hurricane-related media are associated with post-traumatic stress in youth.)〉라는 논문을 『인간행동학회지』에 발표했습니다.

이 논문에서는 9세에서 11세 아동 400명을 참가자로 모집해서 심리 상태를 분석했습니다. 2017년 미국 남동부를 강타한 허리케인을 경험한 플로리다 지역의 아동과 전혀 영향을 받지 않은 샌디에이고 아동을 비교 분석했습니다.

연구 결과, 놀랍게도 허리케인의 영향을 받은 플로리다 지역에서 사는 아동은 외상 후 스트레스 장애(PTSD)와 비슷하게 정신적 충격을 받는 것으로 나타났습니다. TV나 인터넷에서 허리케인 소식을 많이 접했던 샌디에이고 아동들도 똑같이 외상 후 스트레스를 가지는 것으로 나타났고, 심지어 뉴스를 많이 접한 아동일수록 증상은 더 심한 것으로 확인되었습니다. 아동들의 뇌에 공포를 담당하는 편도체 부위의 반응이 두드러지는 것으로 드러났습니다.

자녀가 평생 경계선에서 줄타기하듯 살지 않도록 도와줘야 합니다.

아이들이 보내는 건 시간이 아니라 기억입니다. 그 기억에 나비의 첫 날갯짓 같은 동화책과 자연을 건네야 합니다. 겨울의 서늘함이 아니라 봄의 따뜻함을 바라보고 느낄 수 있게 도와줘야 합니다. 자녀가 몸과 마음에 오랜 시간 느꼈을 불편함을 털어 내도록 함께해야 합니다.

잔인한 장면이 담긴 프로그램을 보여 주는 것은 자녀의 머리에 찬물을 한 바가지씩 매일 퍼붓는 것과 같습니다. 잠자는 일만큼 쉬운 일도 없지만, 그 일도 제대로 할 수 없어 두 눈을 멀뚱멀뚱 뜨고 있게 만들지 않기 위해서라도 TV보다 그림책을, 스마트폰보다 책을 볼 수 있도록 이끌어 주시면 좋겠습니다.

자녀가 평생 경계선에서 줄타기하듯 살지 않도록 도와줘야 합니다.

10. 모든 불안이 나쁜 것은 아님

> 공부를 하면서 불안감이 심해지는 것 같아요.

"모든 불안이 나쁜 것은 아닙니다. 적당한 불안이 있기에 더 집중할 수 있고 노력도 하는 것입니다."

불안이라는 감정을 만드는 원인은 3가지 정도가 있습니다.

첫 번째는 '불확실성'입니다. 공부는 열심히 했지만 시험 결과는 어찌 나올지 모르기 때문에 발표나 시험 등이 불안하게 되는 것입니다. '예측되지 않고 설명되지 않는 미래'는 늘 불안과 함께하는 것입니다.

두 번째는 '경쟁'입니다. 혼자 공부하고 혼자만 살아간다면 절대로 불안은 형성되지 않습니다. 하지만 비교 대상이 존재하기 때문에 '경쟁심'이 생기고, 경쟁심은 상대와의 관계에서 높고 낮은 차이를 경험해야 하는 것이기 때문에 자신이 낮은 위치에 갈 수 있다는 불안감을 가지게 되는 것입니다.

세 번째는 '갈등을 풀어낼 수 있는 방법의 결핍'입니다. 불안함이라는 감정을 운동을 하면서 풀거나, 노래를 부르면서 털어 내거나, 책을 읽으면서 잊거나 하면 됩니다. 하지만 이런 자신만의 스트레스를 풀어낼 수 있는 방법이 없거나 부족해서 불안감이 쌓이고 무거워지는 것입니다.

이 중에 세 번째에 해당하는 '간단하고 실생활에서 적용 가능한' 불안감을 떨어트릴 수 있는 방법이 있습니다. 바로 부드러운 '쿠션'을 안고 공부를 하면 됩니다.

2022년 영국 브리스톨대학교 앨리스 헤인즈 교수팀은 〈진정시키는 포옹: 불안을 완화하는 촉각 보조 장치의 설계 및 검증(A calming hug: Design and validation of a tactile aid to ease anxiety)〉라는 논문을 발표했습니다. 이 논문에서는 129명의 참가자들에게 수학 시험 문제를 풀게 하면서, 앞으로 시험을 계속 본다며 불안과 스트레스를 가중시켰습니다. 그런 후에 참가자들을 세 그룹으로 나눠서 실험을 했습니다.

첫 번째 그룹에게는 약 8분간 명상(meditation)을 하게 했습니다. 두 번째 그룹에게는 스마트폰을 끄고 조용하게 앉아 있게 했습니다. 마지막 그룹에게는 스마트폰을 끄고 약 8분간 부드러운 쿠션을 안고 있으라고 했습니다. 이 쿠션은 특별하게 만들어서 꽉 안을수록 천천히 숨을 쉬도록 만들어진 쿠션이었습니다.

연구 결과, 쿠션을 안고 있는 것만으로도 불안이 가장 크게 감소한 것으로 나타났습니다. 특히 시험을 치르는 시기에 더욱 강력한 힘을 나타냈습니다. 학습이나 발표 또는 시험과 상관없이 평상시에도 불안이 높은 이들이 쿠션을 안고 있으면 불안이 떨어질 수 있습니다.

나를 있는 힘껏 안아 주는 엄마와 같은 존재가 있다면, 불안감은 분명히 사라질 겁니다.

적당한 불안이 있기에 더 집중할 수 있고 노력도 하는 것입니다.

11. 실체가 없는 괴로움과 스트레스

> 그냥 괴롭고 스트레스가 너무 심해요. 방법이 없을까요.

괴로움이나 스트레스라는 것은 '실체'가 없는 것입니다.

현실적으로 존재하지 않는다는 말은 '생각'에서 일어나는 것을 말합니다. 생각에서 일어나는 원인은 바로 '집착'입니다. 어떤 것에 마음이 쏠려서 잊지 못하고 생각이 거기에 매달리면서 스트레스가 생기는 것입니다. 다시 말하면 집착이 괴로움과 스트레스의 원인입니다.

이러한 집착에서 벗어나기 위해서는 '알아차림(awareness)'이 중요합니다.

영어 단어 'aware'는 독일어 'ga-waraz'라는 단어가 어원입니다. 이 단어의 의미는 바로 '조심스럽게 관찰하다(wary)'라는 뜻입니다. 즉, 내가 집착하는 사소한 생각과 행동을 살펴보지 않으면 괴로움에서 절대로 벗어날 수 없습니다. 생각보다 사람들은 나의 생각과 행동 심지어 주변을 관찰하지 않습니다. 너무 바쁘게 생활하다 보면, 집 주변에 소나무가 두 그루가 있다는 사실을 모르고 지나가 버리게 됩니다. 바쁜 생활에 내가 들어가 있는 것입니다.

수면 시간 7시간을 제외하고, 생활을 하는 17시간 중에 '자신을 관찰하는 시간'을 가지는 연습을 하셔야 합니다. 이러한 알아차림의 시간을 갖는 것이 처음에는 생각보다 힘들 것입니다. 그 이유는 지금까지 살아오면서 남들과의 약속은 아무리 힘들고 어려워도 지키려 해 왔지만, 나 자신과 만나 본 적은 없었기 때문입니다. 타인과의 약속보다 스스로와 만나는 시간에 대한 인식이 없어서 어려운 것입니다.

시간이 남아서 하는 것이라고 생각하면 안 됩니다.

처음에는 3분만 시도해도 잘한 것입니다. 외부의 자극을 닫아야 나를 볼 수 있습니다. 그렇기에 우선 눈을 감아야 합니다. 그리고 아무것도 하지 말고 3분 동안 그냥 있어 봐야 합니다. 쉽지 않을 겁니다. 자꾸 생각이 올라오고, 불편한 감정도 올라올 것입니다. 그만큼 온전히 나 자신에게 집중하는 것 자체가 어려운 상태가 된 것입니다. 첫 3분을 이기고 10분까지 늘리는 날이 오면 이제 코끝에 집중해서 나에게 들어오는 들숨에 집중해 보는 연습을 해야 합니다. 그렇게 세 달을 연습하면 몸은 쉽게 익숙해집니다. 그 자리에 앉아 머물고, 그 자리에 있는 나 자신을 느껴 보는 시간을 중요하게 여기기 시작한다면 사소하지만 생각을 멈추는 통제력이 생겨나게 됩니다.

생각은 자꾸만 다른 곳으로 옮겨 가려 하고 작은 소리에도 그곳으로 순식간에 달려가 버립니다. 그만큼 내 안에서 밖으로 허락도 없이 빠져나가는 것이 바로 생각입니다. 생각을 통제하는 것은 그만큼 어려운 일입니다. 이 훈련을 꾸준히 하다 보면, 내 생각이 밖에 들리는 소리로 갔다는 것을 알아차리고, 다시 손을 모으고 허리에 힘을 주는 행동을 하면서 생각이 금방 다시 나에게 돌아온 것을 느끼게 됩니다.

알아차림을 통해서 내 생각이 타인과의 일 또는 과거에 있었던 일로 인해 나에게서 빠져나가는 것을 통제하는 것부터 시작하셔야 괴로움도 스트레스도 조금씩 통제가 가능할 것입니다.

집착이 괴로움과 스트레스의 원인입니다.

12. 순간들이 모여 나의 날들을 이루고

> 저는 짜증이 많이 나더라도 그냥 계속 참아요. 근데 한 번씩 폭발을 하고 나도 계속 짜증이 없어지지 않아요. 이건 왜 이러는 거지요?

"짜증은 쉬는 법이 없습니다. 절대로 게으름을 피우지 않습니다."

세상은 사랑보다 슬픔이 더 많다는 것을 늘 사건 사고로 증명하고 있습니다. 우리 몸과 마음도 같습니다. 자꾸만 늘어나는 짜증을 따뜻하게 잘 풀어 주지 않고 차갑게 안아 버립니다. 빙하 속에 갇힌 듯 차가운 몸은 보이는 것마다 뾰족하고 들리는 것마다 칼날입니다.

쉼이라는 글자 위에 나를 세워야 합니다.

생각과 감정은 뒷전으로 두고, 행동이 앞서 나가면서 몸이 힘들어지기도 합니다. 생각만 앞서 나가서 두통도 심한 분들도 있고, 감정만 앞서서 심장이 소진 증후군에 걸린 이들도 있습니다. 이 모든 것은 어느 하나가 혼자 앞서 나가면서 생기는 현상입니다. 순간들이 모여 시간을 이루고 시간들이 모여 하루를 형성합니다. 하루가 모여 나의 날들을 구성하기 때문에 결국에는 순간들을 어찌 보내느냐가 중요합니다.

숨이 턱 막힐 때, 가시지 않는 답답함과 짜증은 나에게 건네는 신호입니다.

그냥 쉬라는 신호입니다. 내 몸과 마음을 사랑하라는 신호입니다. 매 순간 들이쉬고, 내쉬는 호흡을 나를 위해 쏟아 내고 흩뿌리는 것이 아니라 일과 타인을 위해서 한다면 결국 내 몸과 마음을 사랑하지 않는 것과 같습니다. 사랑하면 함께해야 하고 시간도 장소도 시선도 오직 나의 몸과 마음에 두어야 합니다.

2011년 컬럼비아대학교 조나단 레바브(Jonathan Levav) 교수의 연구에 따르면, 〈판사들이 가석방을 허가해 주는 정도가 하루 중에도 달라진다.(Hungry judges dispense rough justice.)〉라는 연구 결과를 발표했습니다. 이 연구에서는 판사들이 아침부터 오후까지 가석방을 얼마나 허가하는지를 조사했습니다.

연구 결과, 점심시간 이후 몸과 마음이 휴식을 취한 상태와 점심시간 이전처럼 휴식을 취하지 못한 상태의 가석방 비율이 다르다는 것을 알아냈습니다. 다시 말하면, 몸이 피곤하고 짜증이 많을 때는 직관적으로 판단해야 하는 판사의 가석방 여부에도 부정적인 결과를 만들어 낸다는 것으로 해석됩니다.

생각, 감정, 행동 하나하나의 결 따라 고이 접어서 올망졸망 자리를 맞춰야 합니다.

삶의 목표도 중요하지만 하루를 대하는 태도가 더

중요합니다. 눈에 보이지 않는다 하여 존재를 부정할 수 없는 것이 바로 내 안에 존재하는 모든 것들입니다. 머리에서 발끝까지 흐르고 있을 쉼의 작은 파편이 여유라는 하얀 눈꽃으로 피어날 것입니다.

삶의 목표도 중요하지만 하루를 대하는 태도가 더 중요합니다.

과거에 대한 기억을 즐길 수 있다면,
인생을 두 번 사는 것이다.

- 마르티얼 -

4장

폭력은 일어나기 직전에 제지하는 것입니다.

1. 부모의 편애는 정신적 학대

> 부모의 편애 때문에 결국 형제자매끼리도 갈라지는데, 편애하는 부모는 어떤 문제가 있는 건가요?

 콘크리트처럼 완강한 부모의 언어가 종을 치듯 아이의 온몸을 울립니다. 온몸에 새겨진 고통의 소리를 아무리 파내도 파지지 않습니다. 자녀는 쓰라린 시간을 퍼 나르는 광부가 됩니다. 확실한 것은 사랑해야 할 부모가 미울 정도로 싫어지면, 마음도 낮과 밤밖에 없다고 생각하게 됩니다.

 과거에 아동학대 피해자를 '**피학대아**(BC: Battered Child)'라고 불렀습니다. 이 말은 신체적인 학대만 생각했던 말입니다. 이제는 '언어적·정서적 피해'를 인식하는 시대가 되었습니다. 신체적으로, 정신적으로 미성숙한 자녀는 부모의 모든 것을 가슴으로 받아들입니다. 그 누구도 대신해 줄 수 없는 자리. 그 자리가 부모입니다.

부모의 편애는 정신적 학대입니다. 피해를 당한 자녀는 가녀린 풀에도 손을 베이고 마음속에서 한기를 느끼게 됩니다. 자신의 감각에 자신이 상처를 입게 됩니다. 스스로 놓아 버린 것이 많기 때문입니다. 이렇게 성장한 자녀들은 고독하고 적막하고 침묵에 겁을 먹고 불안해집니다.

겉은 가시로 잔뜩 무장한 선인장 같기도 하고, 평생 물혹을 업처럼 지고 혼자서 터벅터벅 걸어가는 낙타 같기도 한 것이 부모의 사랑을 받지 못하고 성장하는 우리 자녀들 같습니다. 허무의 끝을 경험한 자녀들은 절망 속에서 희망을 보거나 부재 속에서 풍요를 보는 것이 힘들게 됩니다.

심리학에서는 **'공격자와의 동일시(identification with aggressor) 또는 투사적 동일시'**라고 부릅니다. 그 부모도 자신의 부모의 공격적인 태도와 행동을 닮아 가게 된다는 말입니다. 부모라는 풍경을 자신의 운명으로 삼아 버립니다. 누구를 탓하기에는 부모도 자녀도 또 자녀의 자녀도 온 가족의 마음이 오랫동안 묵묵해져서 우울함이 가족의 능선을 넘어 버렸기 때문입니다. 십 년이면 강산도 변한다는데 가족의 상처 입은 마음은 일편단심입니다. 서로를 바라보는 순간 자신들도 모르게 지독한 병이 도지곤 합니다.

삶에는 만약이란 없습니다. 특히 가족은 더 그렇습니다. 상처를 나누지 않도록 독립이 중요합니다. 회복의 출발점은 결국 자신의 인식에 달려 있습니다. 가족과 함께 정지된 듯 숨을 죽이고 있으면 결핍된 자신을 채우지 못해 우울과 상처만 꿈틀대다가 상대를 공격하게 되는 것입니다.

편애를 품은 부모는 움직이지 않는 슬픔입니다.

보이지 않는 발걸음으로 다가와 심각한 상처를 드러내는 초상화입니다. 시간이 걸릴지라도 어둠을 뚫고 지나갈 수 있는 힘을 기르기 위해 독립해야 합니다. 나의 오늘이 나의 어제를 거부할 수 있도록 힘을 길러야 합니다. 그 시작은 온전한 독립에서 시작됩니다. 경제적 독립, 정신적 독립, 신체적 독립. 이 세 가지를 이뤄야 회복의 심장도 뛰기 시작합니다.

부모의 편애는 정신적 학대입니다.

2. 폭력은 모든 방향을 흔들어서 길을 잃게

> 남편의 폭력이 걱정됩니다. 특히 큰아이를 한번 혼낼 때 심해요.

"아버지의 폭력은 터널처럼 외로움을 전달합니다."

폭력은 어떠한 경우에라도 정당화될 수 없습니다.
남편의 입장에서 아무리 자존심 상하는 일이 있고, 이런저런 힘든 삶의 무게를 견디기 어렵더라도, 그 모든 아픔이 가족에게 향하지 않도록 아내로서 엄마로서 목숨을 걸고 막아야 합니다.

폭력이 휘돌아 가며 만들어 놓은 마음속 풍경은 삶의 쉼표가 없습니다. 그런 상황에서는 헤아리기 어려울 정도의 시름에 잠기는 문제가 있습니다. 마치 아픔 밖에 없는 듯 아이의 마음속 모든 방향을 흔들어서 길을 잃게 만듭니다.

폭력과 폭언은 대부분 반복되고, 점점 그 강도가 강해지는 특성을 가지고 있습니다. 무서운 점은 폭력 자체에 익숙해지면, 자녀와 아내가 토해 내는 신음 소리는 폭력을 휘두르는 아버지에게 잘 전달되지 않게 됩니다. 마음이 무너질 정도로 아파하는 시그널을 소리로 눈물로 무기력함으로 울음으로 아무리 전달하려 해도 아버지는 받지도 못하고 느끼지도 못하게 됩니다.

2021년 미국 뉴햄프셔대학교 인간개발 가정학과 코린나 터커 교수는 〈어린 시절의 역경으로 형제자매에 대한 부모의 폭행에 노출(Exposure to parents assault on a sibling as a childhood adversity)〉이라는 논문을 『어린이 학대와 방임학회지』에 발표했습니다.

미국 법무부의 지원을 받아서 전국 규모로 약 7천 명의 아이들에 대한 연구를 진행했습니다. 17세까지의 참가 대상자들에게 어려서 어떤 경험을 했는지 조사한 결과, 집에서 부모가 단순히 찰싹 궁둥이를 때리는

(spanking) 행동을 제외하고 형제자매를 때리거나 발로 차는 등의 폭력을 목격한 경우에 성인이 된 이후 우울증, 불안장애, 간헐성 폭발장애에 시달릴 가능성이 커지는 것으로 드러났습니다.

부모의 폭력을 통해 상처 입은 마음은 식을 줄도 변할 줄도 모르게 됩니다.

보통은 부모와 대화하면서 세상에서 마음 깊숙이 묻혀 온 아픔과 상처를 망각처럼 내려놓을 수 있어야 합니다. 폭력이 언제 시작되었는지는 대부분 알 수 없지만 왜 지금까지 지속되는지, 그 이유는 명확하고 정확합니다. 바로 그냥 내버려두었기 때문입니다. 폭력을 막을 수 있는 것은 단 하나입니다. 폭력이 일어나기 직전에 제지하는 것입니다. 단호히 제지하지 못하면 무조건 구르는 눈덩이처럼 점점 강하고 커지는 성질을 드러냅니다. 시간이 지날수록 손쓸 수 없게 됩니다.

자신의 허물을 보고서 마음 깊이 자책하는 것은 쉽

지 않은 일입니다. 목숨을 걸고 다가오는 저항만이 나 자신의 아픔을 새삼 깨닫게 합니다. 흔들림 없이 남편에게 아내의 저항을 실어 날라야 폭력은 멈추게 될 것입니다.

폭력은 어떠한 경우에라도 정당화될 수 없습니다.

3. 사랑의 매?

> 너무 참을 수가 없을 때가 있습니다. 체벌은 정말로 안 좋기만 한가요?

"네. 무조건 체벌은 안 됩니다. 사랑의 매라는 것은 존재하지 않습니다!"

생각의 걸음이 빠른 부모에게는 모든 길이 너끈해 보이지만, 자녀에게는 어떠한 길도 결코 짧지만은 않은 길입니다. 사소한 체벌은 괜찮다며 아무리 스스로 위안을 삼아 봐도 시간에 얹혀 전해지는 고통과 상처는 온몸에 새겨져 생생하게 전해집니다.

어둠과 눈을 맞추면 성장의 걸음도 더뎌집니다. 체벌은 성장이라는 이름을 묻어 두고 하루하루 살아 내야 하므로 숨죽이면서 자신이 얼마나 미미한 존재인가를

새기며 시간을 보내게 됩니다. 숨이 가빠질수록 구름을 모자 삼아 쓰고 있는 마음은 늘 축축합니다.

다 큰 어른이 되어서도 문득문득 머릿속 이곳저곳을 돌아보며 과거에 일어났던 장면들을 그려 보게 됩니다. 얼마나 많은 내면의 아이가 그 순간순간 슬퍼했는지. 그 슬픔을 품고 여기 이곳까지 걸어왔는지. 슬픈 상황을 녹화 방송으로 보기도 했다가 생방송으로도 보면서 눈물을 멈추지 못하게 됩니다.

2021년 미국 텍사스대학교 오스틴캠퍼스 엘리자베스 거쇼프(Elizabeth Gershoff) 교수팀은 〈체벌이 아이들의 행동 발달에 지연을 초래하는 증거(Physical punishment and child outcomes: a narrative review of prospective studies)〉라는 논문을 『인간발달학회지』에 발표했습니다. 이 논문에는 미국, 영국, 캐나다, 중국, 그리스, 터키 등 전 세계를 대상으로 부모가 아동에게 가하는 체벌의 영향에 대한 사실을 연구했습니다.

연구 결과, 엉덩이를 때리는 등의 가벼운 체벌조차도 시간이 지나면서 공격성이 증가하고 반사회적 행동이 증가한다는 것을 밝혀냈습니다. 또한 학교에서는 파괴적인 행동을 포함하고, 그 외에 부정적인 행동이 유발된다는 것을 발견했습니다. 이 결과는 성별이나 인종에 관계없이 가벼운 체벌을 받으면서 자란 자녀의 경우 짜증, 심술, 반항, 규칙을 거부하는 일종의 '적대적인 반항장애'의 모습을 가지는 것으로 드러났습니다.

부모도 자녀도 완전하지 않습니다.

부모가 스스로 자신을 통제할 수 없다고 느낄 때는 **'타임아웃'**을 가져야 합니다. 마음이 차분해지는 시간을 갖는 것입니다. 올라갔던 마음이 내려가고 진정되면 자녀에게 돌아가서 껴안아 준 뒤 다시 대화를 시작하는 것이 중요합니다. 어떠한 일이 있어도 자녀에게 신체적 체벌도 안 되지만, 위협하거나 모욕하거나 굴욕감을 주거나 수치심을 느끼지 않도록 해야 합니다.

시간이 아무리 흘러도 오래전 걸었던 길 위에 발자

국을 얹어 보는 습관은 절대로 없어지지 않습니다. 그러니 시간을 거슬러 올라갈 때, 슬픔보다는 기쁨이 새겨져 있는 것을 발견해야 할 것입니다. 지금은 작은 자녀지만 다 큰 어른이 되었을 때 밤마다 억울한 슬픔이 통곡하지 않도록 지금 자녀의 몸과 마음에 안정감을 선물해야 합니다.

 하늘과 바다처럼 넓고 부드러운 대상에 끌리는 것은 인간의 본능입니다. 펄럭이는 마음 자락을 맑은 하늘 바람에 걸어 놓고 축축하게 젖은 생각을 말리고 싶은 것도 있고, 슬플 때 흘러내리는 눈물을 감추기 위해 바다와 같은 부모의 품을 찾는 것은 자연스러운 것입니다. 그렇기에 부모는 하늘과 바다가 되어야 합니다.

사랑의 매라는 것은 존재하지 않습니다.

4. 양육은 리허설 없는 생방송

> 아이들 키우는데 너무 힘들어요. 행복해지고 싶은데, 방법을 모르겠어요.

산을 오르는 사람에게는 어떤 책보다 산 자체가 교과서입니다. 부모에게도 어떤 책보다 자녀 그 자체가 교과서입니다. 고독과 고통, 불행과 결핍을 자양분 삼아 자라는 존재가 부모 아닌가 생각될 정도입니다. 육아는 시작도 끝도 없고 처음과 마지막이 없습니다. 자녀의 독립을 위해 끊임없이 성장하는 수밖에 없습니다.

누가 뭐래도 평생 지고 가야 할 괴로운 기쁨입니다. 양육은 부모의 백 년 업인 것을 잊으면 안 됩니다. 그러기 위해서는 마음의 근육이 필요합니다. 그래야 '한결같이'를 유지할 수 있습니다. 양육의 3요소로는 '민감성, 반응성, 일관성'이 있습니다. 이 중에 가장 중요한 것이 일관성입니다. 꾸준히 부모의 자리를 지키는 것입니다.

　대화는 온도를 가지고 있습니다.
　차가운 대화가 아니라 따뜻한 온기를 품은 말을 주고받아야 합니다. 특히 자녀와의 대화는 편지와 같아야 합니다. 편지를 받으면 온갖 아름다운 마음들이 꿈틀거리듯 언제나 마음이 설레게 됩니다. 편지처럼 자녀와 나누는 대화가 늘 따뜻해야 합니다.

　2017년 미국 뉴햄프셔대학교 에밀리 스톤(Emily Stone) 교수팀은 아동 40명과 부모를 두 지역에서 모집해서 〈부모의 대화법이 자녀의 인지에 미치는 영향(Parental Conversation Styles and Learning Science With Preschoolers)〉에 대한 논문을 『아동실험심리학회지』에 발표했습니다. 두 지역에서 참가자를 모집한 후, 부모들에게 자녀와 대화를 나누도록 했습니다. 연구팀은 부모와 자녀의 자연스러운 대화를 녹음해서 연구했습니다.

연구 결과, 부모의 교육 정도나 경제적인 환경과 상관없이 부모의 대화 방식은 아이들에게 일관된 영향을 미치는 것으로 나타났습니다. 부모의 화법에 있어서 긍정적이고 섬세한 대화법은 아이들의 인지력에 큰 영향을 미친 것입니다.

음식에 정성이 들어가지 않으면 맛이 나지 않습니다. 육아도 마찬가지입니다. 정성이 들어가지 않으면 아무런 감동이나 의미를 맛볼 수가 없습니다. 그리고 정성은 잘 만들겠다거나 잘 키우겠다는 욕심이 아닙니다. 자녀에 대한 사랑입니다.

부족해 보여도 내가 가진 것으로 최대의 효과를 기대하며 힘든 육아 시간과 맞서 보는 용기가 필요하다고 생각됩니다. 맞서 보는 것 자체가 정성입니다. 무사히 고비를 넘기는 것. 그것이야말로 부모의 지혜가 아닐까 생각합니다.

사랑은 삶의 종착지에서 만나는 것이 아닙니다. 현재의 삶에서 몸과 마음으로 느끼는 것입니다. 자녀에게 가장 아름다운 선물은 부모가 자녀의 몸과 마음에 흘리고 간 사랑뿐입니다. 육아는 리허설 없는 생방송이기 때문에 스트레스가 높은 것은 사실입니다. 그렇기에 예민해지고 힘들 수밖에 없습니다. 비우고 또 채우는 육아 시간의 섭리처럼 비어 있는 마음을 따뜻하게 채우는 것 또한 자녀 그 자체입니다.

육아는 리허설 없는 생방송이기 때문에 스트레스가 높은 것은 사실입니다.

5. 나 중심에서 벗어나는 것은 탈중심화

> 저는 어려서 부모님께 받은 상처가 많습니다. 그냥 억울합니다.
> 어찌해야 할까요?

"주관적 관점에서 벗어나 객관적으로 바라보는 훈련을 하셔야 합니다."

태어나면서 상처를 온몸에 그려 놓고 태어나는 사람은 존재하지 않습니다.

성장하면서 가슴에 구멍이 숭숭 뚫리는 것입니다. 시간이 지나도 계속해서 지난 어린 시절을 끌어안고 있는 것입니다. 알면서도 자꾸 한숨 쪽으로 마음이 쏠립니다. 발은 현실에 두고 생각은 과거에 담고 가슴은 슬픔을 이고 있습니다.

척박한 상처라는 바위에 뿌리를 내린 머리는 생각마

다 상처를 밀어 올리고, 마음마다 슬픔의 강이 흘러넘 칩니다. 좋았던 기억은 뇌의 기록에 남지 않는 법. 다만 슬픔과 고통을 근거지로 삼아 슬픔과 우울은 삶의 대부분을 자기 멋대로 활보하고 다니게 됩니다.

2018년 미국 하버드대학교 케이티 맥클로클린 교수팀은 〈위협과 박탈의 경험에 따른 아동기 및 청소년기의 생물학적 노화: 체계적인 검토 및 메타 분석 (Biological Aging in Childhood and Adolescence Following Experiences of Threat and Deprivation: A Systematic Review and Meta-Analysis)〉이라는 논문을 『심리학회지』에 발표했습니다.

이 논문에서는 기존 연구 80건에서 11만여 명의 참가자들을 분석한 결과와 아동들의 뇌 발달 과정을 살핀 연구 25건 중 3,200여 명을 분석했습니다. 그 결과, 어린 시기에 학대를 당한 아이들은 세포 노화 속도가 일반 아이들보다 빨랐고, 성인이 됐을 때 우울증과 불안감 등 심리적인 문제뿐만 아니라 심혈관 질환이나 당뇨와 같은 신체적 질병을 가질 전조를 가진다고 밝혔습니다.

실제로, 이들 논문에 대상이 되었던 아이들의 대뇌피질이 일반 아이들과 비교했을 때 얇은 것으로 나타났으며, 특히 뇌 부위 중에 사회적 관계와 감정을 처리하는 부위인 전두엽 부분이 얇은 것으로 드러났습니다.

심리학 용어 중에 **탈중심화(decentering)**'라는 용어가 있습니다.

이 용어는 '생각은 사실이 아니다'라는 개념에서 온 말입니다. 생각은 사춘기 청소년처럼 방황하기 마련이고 특정한 방식으로 늘 반복했던 생각의 틀 안에서 이루어지는 특성이 있습니다. 이런 이유로 어떠한 생각이 일어나면 스스로가 어떤 생각을 하고 있고, 어떤 감정을 품고 있는지 알아차려야 합니다. 이것이 나 중심에서 벗어나는 것입니다. 즉, 탈중심화하는 것입니다.

주관적이고 감정적이고 충동적인 감정이 상황을 지배하지 않도록, 최대한 멀어져서 객관적으로 바라볼 수 있어야 합니다. 그렇게 된다면 어떠한 상황이든 있는 그대로 수용할 수 있게 되면서 온전히 현재를 바꿀 수 있는 것과 바꿀 수 없는 것, 변화시킬 필요가 있는 것과 변화시킬 필요가 없는 것 등으로 구별할 수 있는 힘이 생기게 됩니다.

어떠한 생각이 일어나면 스스로가 어떤 생각을 하고 있고, 어떤 감정을 품고 있는지 알아차려야 합니다.

6. 부모는 고통을
   최소 조건으로 삼는 존재들

> 아들과 딸이 너무 달라서 힘드네요.

 자녀를 양육하는 것은 눈물 같은 찝찔한 것을 감추고 있어서 늘 눈이 젖어 있게 됩니다. 따로 울지 않아도 될 정도로 벼랑 앞에 선 듯한 막막함. 이것 또한 부모라는 존재의 고통입니다. 생이란 느끼는 자에게는 비극이고 생각하는 자에게는 희극이라는 말이 오늘따라 마음을 긁고 지나갑니다.

 누구나 고통을 통해 자신의 한 생애를 써 내려갑니다. 기다리고 또 기다린 사람에게는 그렇게 찾던 것이 어느 순간 옵니다. 그럴 때 시간은 내 등 뒤로 지나가 버립니다. 모든 옛날은 지금을 통과합니다. 고통의 싸움터는 바로 내 마음입니다. 고통을 밀어낸들 어디까지 갈까요? 고통의 통과 의식 없이는 어떤 삶의 해답도 얻을 수 없습니다. 그래서 양육은 고되고 슬프고 아픕니다. 부모는 고통을 최소 조건으로 삼는 존재들입니다.

속눈썹 아래에 눈물이 고인다면 그것이 넘쳐흐르지 않도록 강한 용기를 가지고 참길 바랍니다. 결코 평탄하지 않은 양육의 여행길에서 탄탄대로일 수만은 없지만 그래도 글자가 주는 지혜의 힘이 올바른 방향으로 전진하게 도와줄 것입니다.

2014년도 심바이오시스국제대학교 마드후라(Madhura) 교수는 〈남녀의 구조적 뇌 연결의 차이점(Sex differences in the structural connectome of the human brain)〉이라는 논문을 발표했습니다. 이 논문에서 남녀의 가장 큰 차이점은 '뇌량'이라고 설명합니다. 뇌량은 도대체 뭘까요?

우리 뇌에는 좌뇌와 우뇌가 따로 존재합니다. 좌뇌는 언어의 뇌입니다. 반대로 우뇌는 감정과 순간적으로 직감하는 직관을 다룹니다. 이런 둘을 연결하는 것이 바로 '**뇌량**(corpus callosum)'입니다. 평균적으로 여자가 남자보다 뇌량이 큽니다. 뇌량이 크다는 것은 좌뇌와 우뇌의 활발한 소통을 할 수 있다는 것입니다. 반대로 남자는 좌뇌와 우뇌를 서로 주고받기보다는 좌뇌면 좌뇌, 우뇌면 우뇌로 깔끔하게 정리되어서 활성화됩니다.

이렇다 보니, 여성은 감정적인 상황(우뇌)을 언어로 표현하지 않으면(좌뇌) 꺼림칙하고 불편하고 답답해지는 것입니다. 반대로 남성은 감정은 감정대로, 언어는 언어대로 따로따로 해결이 가능합니다. 이런 이유로 남성에게 '감정을 언어로 말해 보라.'라고 말하면 강압이 되고, 여성에게 '감정은 감정으로 남겨 두라.'라고 말하면 방임인 것입니다.

아들과 딸, 남자와 여자, 남편과 아내. 다른 존재입니다. 다름과 틀림을 혼동하는 부모가 많습니다. 다름을 구분할 줄 알아야 육아도, 삶도 암전 상태에서 벗어날 수 있습니다. 자녀는 절대로 완전한 내 것이 되지도 않고 내 것이 아닙니다. 언젠가는 나를 떠날 눈물이자 기쁨입니다. 포기하라는 것이 아니라 어느 정도 내려놓고 양육을 해야 합니다. 포기는 말 그대로 멈추는 것입니다. 반대로 내려놓는 것은 심리적 거리를 유지하면서 함께 걸어가는 것을 말합니다.

내려놓는다는 것이 쉽지 않습니다. 끊임없이 다가가서 관심을 주고 싶은 것이 부모니까요. 하지만 자녀의 입장에서는 지나친 관심은 간섭으로 느낍니다.

속눈썹 아래에 눈물이 고인다면 그것이 넘쳐흐르지 않도록 강한 용기를 가지고 참길 바랍니다.

7. 어린 시절, 부드럽게 안아 주기

> 제가 어린 시절 트라우마가 많아요. 그런데 자녀에게 영향을 미칠까 걱정이 되네요.

"분명히 영향을 미칩니다. 하지만 트라우마가 나쁘기만 한 것은 아닙니다!"

어린 시절 트라우마는 우울이 피붙이라도 되는 듯 친근한 느낌을 갖게 만듭니다. 슬피 우는 내면의 아이가 졸졸거리며 따라 걷습니다. 마음의 얼룩을 되씹으며 우울을 상기시켜서 얼굴에도, 눈빛에도, 손짓에도 또렷하게 어둠의 윤곽을 드러내게 됩니다. 그 모습을 바라보는 자녀는 백지 같은 마음과 몸에 갈고리 같은 뾰족한 동굴을 새깁니다. 자녀의 삶의 길에서 선택이 제한적일 수밖에 없습니다.

어린 시절 아픔의 순간이 까마득한 과거가 아니라 바로 어제같이 느껴진다면 위험합니다. 트라우마 속에서 설핏 잠들었다가는 삶도 죽음도 그 경계가 아득하게 멀어지게 됩니다.

2017년 미국 어린이 건강 및 인간 발달 국립연구소와 스웨덴 웁살라대학교의 공동 연구팀은 〈2차 세계대전 핀란드 어린이 후송 협회 차세대 정신과 입원(Association of the World War II Finnish evacuation of children with psychiatric hospitalization in the next generation)〉이라는 논문을 『미국정신의학회지』에 발표했습니다.

이 논문에서는 엄마의 어린 시절 트라우마가 자녀의 우울증과 조울증 같은 기분장애 때문에 입원할 위험이 엄마와 거의 비슷할 정도로 높다는 사실을 알아냈습니다. 특히 엄마가 임신 중 트라우마를 겪으면 자녀에게 부정적인 영향을 준다는 결과를 밝혀냈습니다.

하지만 트라우마가 나쁘기만 한 것이 아닙니다. 트라우마는 마음을 더욱 단단하게 만드는 힘이 되기도 합니다. 심리학에서는 **'회복 탄력성(resilience)'**이라는 용어가 있습니다. 즉, 외상 후 스트레스로 아픔의 글자를 남기는 것이 아니라 **'외상 후 성장(post-traumatic growth)'**의 효과도 일으킨다는 것을 알아야 합니다.

2018년 미국 바드대학과 영국 케임브리지대학교가 공동으로 진행한 〈당신을 해치지 못하는 것은 당신을 더 강하게 만든다: 심리적 외상과 강화된 기억 조절과의 관계(What doesn't kill you makes you stronger : Psychological trauma and its relationship to enhanced memory control)〉라는 논문을 『실험심리학회지』에 발표했습니다.

이 논문에서는 사고, 폭력, 가까운 사람의 죽음 등 트라우마가 있는 참가자들을 대상으로 실험을 진행한 결과, 끔찍한 트라우마 경험을 통해 오히려 인지 조절

능력이 향상되는 측면도 있다는 것을 밝혀냈습니다. 즉, 트라우마와 자제력, 그리고 절제 능력 사이의 연관성을 증명했습니다.

따뜻한 품으로 어린 시절을 부드럽게 안아 줘야 합니다. 부정적인 어린 시절과 작별하고 다시 현재를 걸어야 합니다. 그러려면 수시로 시간 위에 앉아 유난히 느리게 흘러가는 어린 시절을 관망할 수 있어야 합니다.

구부러진 어린 시절 앞에 서서 마음을 씻을 수 있어야 합니다.

트라우마는 마음을 더욱 단단하게 만드는 힘이 되기도 합니다.

8. 마음의 빚과 이별 연습하기

> 어려서 큰아이에게 화를 많이 냈거든요. 다 큰 아이에게 지금이라도 용서를 구해야겠지요?

"기억이 기억을 부르다 보니 슬픔의 뒤통수가 무의식적으로 떠오를 겁니다. 엄마도 자녀도 시간을 가지고 용서를 구하는 것이 좋습니다."

양육이란 먼저 삶을 걸어간 부모가 뒤에 오는 아이들에게 살아가는 방법을 전하는 과정입니다. 함께 걸어가기가 미안할 정도로 부족한 부모라 할지라도 '사랑'만 심장에 지니고 간다면 큰 문제가 없습니다. 하지만 배우자의 문제로 마음이 폭탄을 맞은 듯 깨어지거나 파편이 여기저기 흩어진다면, 그 파편들이 아이들에게 향하면서 상처는 전이가 됩니다.

어둠은 아주 빠르게 생각을 덮습니다.

미처 보내지 못한 과거의 시간이 희미해질 무렵 부모의 목소리는 지옥에서 온 사자만큼이나 으스스할 수도 있습니다. 몸과 마음에 찾아온 부모의 말과 행동의 무늬는 어른이 되어서도 여전히 나갈 생각을 안 하고 있습니다. 이런 과정을 통해서 자녀들의 고개는 갈수록 땅에 가까워지고 갈수록 소심한 사람이 되어 갑니다.

마음의 변덕인지 몸의 변덕인지는 아직도 모르겠지만, 안 좋은 기억조차도 그리움으로 만들어 내는 '그 무엇'의 작용이 있습니다. 바로 '용서'입니다. 용서를 구하고 용서를 하는 그 과정에서 갈팡질팡하는 마음과 생각이 모두 제자리를 찾을 수 있습니다. 공존할 수 없는 감정을 동시에 느낄 필요가 없도록 도와주는 것이 바로 '용서'입니다.

2016년 미국 버지니아커먼웰스대학교 심리학과 에버렛 워딩턴 교수는 〈나이에 관계없이 용서할 수 있는 사람들은 스트레스 감소를 경험한다.(Forgiveness and spirituality in psychotherapy: A relational approach.)〉라는 논문을 『행동의학회지』에 발표했습니다. 이 논문에서는 16세에서 79세를 대상으로 '용서하기로 결정'하는 것이 감정과 신체적으로 어떤 변화를 가지는지 연구를 했습니다.

연구 결과, 용서를 하는 것은 세 가지 변화를 가지는 것으로 나타났습니다. 첫 번째는 스트레스 조절, 두 번째는 편안할 때 활성화되는 부교감 신경계가 작동하고, 세 번째는 부정적인 과거의 기억을 되새기는 반추를 줄어들게 하는 것이었습니다.

언뜻 보면 움직임이 없는 것 같은 용서에는 많은 것들이 오가고 숱한 생명이 태어나게 됩니다. 그 모든 것들이 경이롭게 이뤄집니다. 마음의 빚과 이별을 연습하는 과정이 용서를 구하고 용서하는 것 자체입니다. 용서를 주고받지 않으면 함께 살아가는 가족이라도 정신적으로 혼자 있는 시간이 길어지면서 알게 모르게 외로움과 억울함이 쌓여서 스스로에게 고통을 주게 됩니다.

무엇 하나 그냥 주어지는 것은 없습니다.

자녀에게는 부모의 언어폭력이 일종의 트라우마가 됩니다. 용서를 통해서 풀어내지 못한 감정의 빚에서 벗어날 수 있습니다. 또 자녀도 어둠의 강박에서 벗어날 수 있습니다.

용서는, 부모와 자녀의 하늘이 선물한 특별한 관계를 재인식시키는 소중한 매개입니다.

용서를 구하고 용서를 하는 그 과정에서 갈팡질팡하는 마음과 생각이 모두 제자리를 찾을 수 있습니다.

9. 자녀의 마음속 웃음꽃

> 남편이 아이의 마음을 읽어 주지 못해요.

 바람 한 자락 싹둑 베어다 답답한 이의 가슴에 넣고 싶듯, 귀하고 귀한 자녀의 마음을 읽지 못하는 남편에게 심장이라도 잘라서 주고 싶어집니다. 잘려 나간 심장에 붉은 눈물 그렁그렁 매달릴까 두려워 이러지도 저러지도 못하는 마음.

 숨 한 모금 깊이 들이쉬고 세상에 내리는 햇살 죄다 끌어다 아이의 눈과 마음에 덮어서 울고 있는 내면의 아이가 춥지 않도록 토닥여 줘야 합니다. 더 이상 둥근 선을 그릴 수 없는 자녀의 나이테를 품에 안고 같이 그렁그렁 울어 줄 수 있다면, 장롱 열어 누진 이불 널 듯 자녀의 마음에도 웃음꽃이 필 겁니다.

자녀에게는 마음을 읽어 줄 수 있는 단 한 명이라도 제대로 존재하기만 하면, 봄이 와도 흐르지 못한 음악이 울리고, 발효되지 못하고 스러진 소망도 새싹이 돋습니다.

심리학에는 '정서 지식'이라는 말이 있습니다.

교류 분석 전문가였던 심리치료사 클라우드 스타이너(Claude Steiner)는 1997년에 출간한 저서 『정서 지식 습득(Achieving Emotional Literacy)』에서 처음으로 **'정서 지식(emotional literacy)'**이라는 용어를 사용했습니다.

정서 지식은 자신의 감정을 먼저 읽을 수 있어야 하고, 그 후에 다른 사람의 감정을 들을 수 있어야 한다는 말입니다. 그래야 '공감(empathy)'을 할 수 있습니다. 공감은 자신에게 변화를 가져오지만 주변 사람들에게도 '변화의 감정'을 창조할 수 있는 가장 기본적인 요인입니다.

반대로 타인의 정서를 읽지 못하는 **'정서 문맹(emotional illiteracy)'**이라는 말이 있습니다.

이 말은 1999년 심리치료사인 댄 킨들런(Dan Kindlon)과 마이클 톰슨(Michael Thompson)의 책 『카인 들어 올리기(Raising Cain)』에서 나온 말입니다. 자신의 감정과 타인의 감정을 읽을 수 없게 되면, 스스로 무의식 속에 잠재된 얼음과 같고 불같은 감정에 빠져 버리게 되는 것을 말합니다.

정서 문맹인 남편보다 정서 지식을 가진 단 한 명이라도 자녀 주변에 존재한다면, 울고 있는 아이가 스스로 넙죽넙죽 그림자를 반으로 접고 자리에서 일어날 겁니다.

말없이 말하고 소리 없이 들을 수 있는 지혜가 필요합니다. 삶은 살아가는 게 아니라 살아지는 것입니다.
퇴적된 기억들을 쓱쓱 지워 버리기 위해서라도 꾸준히 자녀와 눈 맞추고 마음 맞추다 보면, 목구멍 간질이던 슬픔이 화들짝 놀라 달아날 겁니다.

말없이 말하고 소리 없이 들을 수 있는 지혜가 필요합니다.

10. 내가 얼마나 힘들었는지 자신은 알고

> 어려서는 부모님과의 아픔을 가지고 있고, 커서는 친구들과도 다툼이 많았어요. 심지어 부정적인 말을 자주 쓰게 되는데요. 그냥 답답하고 힘들어요. 이런 마음도 고칠 수 있을까요?

"충분히 공감을 받지 못할 때 그 감정들을 마음속 저 깊은 곳에 욱여넣으면 될 것 같지만 시간이 지날수록 허락도 없이 불쑥불쑥 올라와 노크를 하게 됩니다."

화나 미움 같은 감정은 풍선이 부풀 듯, 많은 말을 순식간에 담은 것입니다.

이렇게 늘어난 말을 풀어내고 해결하려면 아주 적극적이고 긴 대화가 필요합니다. 부정적인 감정이 생겼을 때 상대방을 피하거나 시간이 해결해 줄 것이라는 생각은 그 감정을 더 무겁게 하거나 깊은 상처를 가지게 만듭니다. 아무리 가벼운 아령도 처음 들 때는 견딜 수 있지만 계속 들고 있으면 무겁고 힘들게 됩니다. 이처럼 화나 미움과 같은 감정은 풀어내지 않으면 스스로를 공격하는 아픔이 됩니다.

도무지 어쩔 수 없는 아픔과 상처 앞에서는 차라리 그 감정들을 느끼지 않아야겠다고 선택하기도 합니다. 마음의 깊이는 가늠할 수 없을 정도로 깊어서 평상시에는 인식하지 못할 만큼 공간이 넓고 많습니다. 해결되지 않은 상처, 처리되지 않은 아픔, 감당하기 힘든 고통, 말 못 할 슬픔과 같은 감정에 압도당하다 보면 이러한 감정들을 내 눈에 보이지 않을 정도로 마음속 깊은 곳에 밀어 넣고 아무렇지도 않은 척하게 됩니다.

심리학에는 '**이중속박 메시지(double-bing messages)**'라는 말이 있습니다. 의사소통을 할 때 단어나 목소리 또는 얼굴 표정과 말이 매우 복잡하고 모순되게 전달되는 것을 말합니다. 아마도 어릴 때 부모님에게 받았던 언어와 행동의 불일치 화법은 어린 마음을 힘들게 하고 혼란을 주었을 것입니다. 정작 혼란된 메시지를 전달한 것은 부모이지만 소화되지 않는 이런 메시지를 받은 자녀는 버겁고 이해가 되지 않아서 마음이 둘로 갈라지는 문제가 생깁니다. 이것을 **'양가감정**(ambivalence)**'**이라고 합니다.

양가감정은 사랑과 미움, 좋아함과 싫어함, 적극성과 소극성, 기쁨과 슬픔처럼 반대되는 감정이 얽혀 있는 문제를 가집니다. 양면적인 갈등이 용납할 수 없을 만큼 힘들어지면, 부정적인 감정을 억압하기 위해서 지나치게 긍정적인 감정이 강조되는 과장되고 부풀어 오른 모습을 가지게 됩니다.

말하지 못하고 삼켜 왔던 말들을 글로 적어서 스스로에게 읽어 주는 연습을 해야 합니다. 또 부모에게, 친구에게 듣고 싶었던 말도 숨기지 말고 모두 적어서 읽어야 합니다. 제대로 표현하고 듣는 연습을 해야 나중에 비슷한 상황이 다가와도 숨기지 않고 정확하게 표현할 수 있게 됩니다. 지금까지의 삶에서 내가 가졌던 선택지를 버리고, 자신을 존중하고 치유해 나가는 선택지를 가지셔야 합니다.

비록, 그들은 자신의 기준에서 나의 아픔을 부정할 수 있겠지만 나 자신은 알고 있습니다. 내가 얼마나 힘들었는지, 얼마나 나 자신의 삶을 아끼고 소중히 하려 노력했는지 말입니다. 지금의 나 자신에게 필요한 것은 스스로가 던지는 깊은 공감과 위로입니다. 자가 위로가 충분히 이루어진다면, 생각보다 빠르고 큰 회복이 찾아올 것입니다.

지금의 나 자신에게 필요한 것은 스스로가 던지는 깊은 공감과 위로입니다.

11. 행복을 잡는 방법

> 지금이라도 좋아질 수 있겠지요? 애들 어려서 잘못한 것이 많아서 후회만 가득합니다.

"역경을 거치면서 현명해지고 후회한 뒤에야 깨닫는 것이 있습니다."

먹구름이 걷힌 뒤에는 반드시 푸른 하늘이 나오는 법입니다.

전에는 지나가는 것이 물이나 바람, 구름이나 세월 같은 것인 줄만 알았는데 사람 또한 지나간다는 것을 믿습니다. 온몸으로 땡볕을 받아들여 제 몸을 태우는 듯 울어 대던 매미 소리처럼 온몸을 찢을 듯 내뱉던 슬픔의 한숨도 시간이 지나면 어느덧 계절 바뀌듯 바뀌고 날씨 변하듯 변화가 찾아옵니다.

절망보다 희망하는 것이 더 절망적이라고 이야기하기도 합니다. 하지만 스스로가 어디까지 방황하며, 어디까지 멀리 벗어날지 모를 정도가 되지 않도록 행복을 잡는 방법을 알아 두어야 합니다. 그 방법은 한 가지만 기억하면 됩니다.

'어제 슬펐기 때문에 오늘도 슬픈 것입니다.'

다시 말하면, 오늘 슬프지 않으면 내일도 슬프지 않습니다. 어제 술을 마셨기 때문에 오늘 술이 생각나는 것과 같습니다. 오늘 행복하려고 지금 이 순간에 집중하면 내일은 행복이 곁에 와 있을 겁니다.

행복을 알고도 가질 수 없는 사람은 늘 어제와 과거 이야기만을 늘어놓습니다. 과거에 집중하다 보면 자신의 삶이 살아지는 것이 아니라 사라지는 삶인 것 같아서 더욱 슬퍼지게 됩니다.

오늘과 내일을 가슴에 안으면 잠 오지 않는 긴 밤도 잘 보낼 수 있게 됩니다. 불행이나 슬픔은 노력하지 않아도 오는데, 행복이나 편안함은 노력해도 잘 오지 않습니다.

행복이라는 게 알고도 가지지 못하고 기다린다고 오는 것이 아닌 것만은 분명합니다. 오직 지금 살겠다는 작은 의지를 가지고 실천해야 합니다. 과거로부터 도망치고 싶을 때, 나를 바꾸고 싶을 때, 다시 살아 봐야겠다고 결심했을 때 작은 실천이 시작점이 된다는 것을 믿어야 합니다.

행복은 낮은 곳에 있어서 잘 보이지 않는 진실처럼 느껴질 때가 있습니다. 그럴 때마다 눈과 손가락에 힘을 주고 지금 이 순간 아름다운 걸 많이 봐서 생각이 늙거나 녹슬지 않도록 막아야 합니다. 고통은 누구도 대신해 줄 수 없습니다.

새로운 곳으로 이동을 해도 새로운 직업을 가져도 새해가 되어도 마음과 몸은 여전히 헌 옷처럼 해어져 작은 소원 하나 빌 수 없고 작은 실천조차 옮기지 못할 정도로 끔찍해집니다. 마음은 눈을 감을 줄 모릅니다. 언제든지 의지만 보여 주면 회복하려고 기다리고 있습니다.

먹구름이 걷힌 뒤에는 반드시 푸른 하늘이 나오는 법입니다.

12. 회상은 독약처럼 정신을 질식시키고

> 다 큰 애들이 어렸을 때 힘들었던 이야기를 하네요. 저도 잊고 싶은데 잘 안 잊혀요.

상담사로서 꼭 손에 넣고 싶은 도구가 하나가 있습니다. 바로 기억 가위입니다. 내담자들과 만날 때마다 지우고 싶은 기억을 적당하게 예쁘게 오려서 잘라 낼 수 있으면 얼마나 좋을까……. 늘 생각합니다.

이런 바람 때문에 수많은 심리치료가 존재합니다. 하지만 어이없게도 아픈 기억과 힘든 기억을 제거했다고 생각하는 사이에 또다시 기억이 되살아나서 내담자들뿐만 아니라 상담사들의 자존감을 떨어트리게 됩니다.

뇌 과학에서는 단호하게 이야기하고 있습니다. 이미 형성된 기억은 소멸되는 것이 아니고 변형되거나 대체될 수 있다는 것을 수많은 논문과 연구를 통해 밝혀 내고 있습니다. 유명한 '파블로프의 개' 실험처럼, 밥을 먹을 때마다 종소리를 울리면 개는 종소리만 울려도 침을 흘리게 됩니다.

이런 조건화가 형성된 개에게 반대로 종소리만 울리고 밥을 주지 않으면, 개는 점점 종소리만으로 침을 흘리지 않게 됩니다. 이것이 심리학에서는 **'소거(extinction)'**라고 합니다. 소거법은 바람직하지 않은 행동과 기억의 발생을 억제시키는 것을 말합니다. 즉, 새로운 기억이 기존의 기억을 대체할 수 있는 기법인 것입니다.

가족이라는 이름은 서랍 속의 해묵은 일기장을 적시게 만듭니다. 지나간 시간들을 적십니다. 지나간 시간들은 아무리 간절한 그리움으로 되돌아보아도 소급되지 않습니다. 이것이 과거라는 시간의 맹점입니다. 특히 힘들고 또 아팠다고 느끼는 대상일수록 소각되지 않는 시간이 늘 따라다니게 됩니다. 자녀들은 축축이 젖은 이 시간 때문에 날개를 접고 뼈저린 우울을 달래고 있을 가능성이 높습니다.

우울한 빗속에서는 시간이 정체됩니다.

못다 한 말들과 지워지지 않은 슬픔이 비가 되어 내립니다. 생각과 마음은 방황을 합니다. 어디에도 출구가 보이지 않는다고 느끼게 됩니다. 범람하는 우울 속에서 잡고 있는 생각은 수시로 해체되고 무너집니다. 홀로 과거의 한 시점으로 돌아가는 회상은 독약처럼 정신을 질식시킵니다.

마치 혼자 우울한 첼로를 반복해서 들으며 끝이 보이지 않는 우울을 반복해서 흥얼거리는 가수가 됩니다. 기억은 늘 그 자리에 있습니다. 단지 떠올리는 것 자체를 잊을 뿐입니다. 쓰라린 기억의 편린들을 간직한 채 그대로 달려가지 않아야 합니다. 이미 어둡게 만들어진 기억을 사라지게 하는 것은 어렵지만, 어둔 기억을 떠올리는 것보다 더 소중한 기억을 만드는 것이 중요합니다.

어두운 기억을 떠올리는 것보다 더 소중한 기억을 만드는 것이 중요합니다.

에필로그

항상 책을 쓰면서 가지게 되는 생각이 있습니다. 재미와 실리 두 마리 토끼를 모두 잡는 것입니다. 글 쓰는 이들의 마음은 단 한 명의 독자라도 청소년 자녀 때문에 힘들어하지 않고, 이 책을 보면서 눈이 번쩍 뜰 만한 지침서가 되면 좋겠다는 마음뿐입니다.

어쩌고저쩌고하는 제목의 흔한 책들과는 완전히 다르게 이 책을 읽은 부모님들이 사춘기를 심하게 경험하고 있는 자녀와의 불화를 깨끗이 씻어 내고 건강한 독립을 이루면 좋겠습니다.

첫 시작은 가볍게 읽어 보려고 잡았지만, 기어이 통독하고 마는 그런 책이면 좋겠습니다. 이 책이 저자들에게는 귀한 잠을 빼앗아 간 괘씸한 대상이라 출판하고 나면 쳐다보지도 않지만, 말랑말랑하고 달콤한 마시멜로처럼 다 읽고 나면 독자들의 마음을 부드럽게 토닥여 주며, 사춘기 자녀의 심리에 대한 이치가 훤히 보이면 좋겠습니다.

 번개처럼 달려가는 자녀의 변화 속에서 숨 한번 고르고 싶은 부모님들에게 '부모'란 누구인지 확인하고 '자녀의 사춘기적 변화'는 무엇인지 확인하는 시간이면 좋겠습니다.

 마지막으로 늘 사랑하는 가족들과 항상 겸손을 상기시켜 주시는 스승이신 정사무엘 총장님께 감사의 마음을 전합니다.

이재연 · 채혜진 드림